E buki aki ta di:

_____

Dios,
ku ta nos fuente di speransa,
yena boso ku goso i pas pa motibu di boso fe,
ya asina boso speransa por bona pa
medio di poder di Spiritu Santu.

Romanonan 15:13

Copyright
Sintá na Pia di Hesus
Devoshonal
6 Stap pa lesa Beibel
Saved to Serve International Ministry
Ilustrashon: Ashlee Lomp, Jo-Hanna Kraal, Luisette Kraal
www.luisettekraal.com
Pa Pregunta: saved.serve@gmail.com

Bon dia Amiga,

Mi ta kontentu ku bo a yega aki.

Mi orashon ta pa bo lesa Dios su Palabra ku ánimo. Pa bo siña regosihá den Kristu Hesus. Pa bo bista por ta fihá riba djE . Pa bo por sinti goso ora bo ta studia su Palabra.

Mi ta konfia ku bo lo eksperensiá un amor profundo pa Dios den bo estudionan. Ku bo boka lo ta yen di alabansa.

Laga nos Plania, Pusha i Perseverá pa lesa e Palabra.

Bo no ta bo so. Nos tur ta batayá den bida. No tin hopi tempu pa nada. Lesa Beibel ta kai chikí hopi bia.

Pero awe,...traha un kòpi di te òf kòfi. Buska un lugá kómodo pa bo sinta i kuminsá. Bo deboshonal "Sintá na Pia di Hesus" lo yuda bo.

Lo bo sali bendishoná!

Kompartí ku mi riba mi Facebook kon Dios a usa e deboshonal "Sintá na Pia di Hesus" akí, pa bo bida.

Ku hopi amor,

Yozue 1:8

E buki di lei aki lo no apartá for di bo boka, ma bo mester meditá den djé di dia i anochi, pa bo pèrkurá di hasi konforme tur loke ta pará skirbí den djé; pasobra e ora ei lo bo hasi bo kaminda prosperá, i e ora ei lo bo tin éksito.

Algun Rason pa enkurashá hende lesa Beibel

- Pa krese fe! Romanonan 10:17
- Pasobra e Palabra di Dios ta bibu i poderoso. Hebreonan 4:12
- Pasobra e Palabra di Dios ta mihó ku kuminda. Job 23:12
- Pasobra e ta yuda hende skohe pa biba santu i no peka. Salmo 119:11
- Pasobra e ta mustra e bon i e malu. 2 Timoteo 3:16,17
- Pasobra Dios a bisa pa hasi esei. Yozue 1:8

Lesa Beibel... Tur Dia!

Algun Idea Simpel

1. Mi ta lanta 15 minüt mas trempan i lesa un kapítulo di Beibel.
2. Mi por trein mi mes pa lesa e Beibel promé ku mi wak TV. (Òf traha bolo, kose un kusinchi òf hunga Sòftbòl)
3. Mi por usa mi telefon òf tablèt pa skucha un kapítulo di Beibel tur dia. (Purba les'é mientras ku bo ta skucha.)
4. Mi por lesa mi Beibel promé òf despues di un kuminda.
5. Mi por lesa mi Beibel promé ku mi bai drumi anochi.

Kon pa usa e deboshonal aki?

Bo por kuminsá kaminda bo ta. No hansha.
Bo por lesa un kapítulo pa dia.
Bo por parti un kapítulo den dos i lesa mitar kapítulo pa dia.
Bo por sigui mi ehèmpel. Mi ta lesa te na momentu ku algu realmente yama mi atenshon. Esaki ta Un momentu di Wow. Òf un momentu di AHA. E ora ei mi ta para ketu i kontemplá esaki.

Mi ta hasi notashon den mi Deboshonal i plania pa kambia mi bida pa e pas ku e lokual ku mi a lesa e dia ei.
No tin ningun regla spesial kon mester lesa Beibel. Djis kuminsá i wak kon e Spiritu Santu ta yuda bo krese.

Lo mi hasi orashon pa bo.
Chèk mi riba Facebook. Y manda bo preguntanan.

Ta difísil pa sa kiko bo tin ku lesa?

Si bo no sa unda pa kuminsá, tuma e desishon pa kuminsá den kualkier buki di e *Tèstamènt Nobo*. Simplemente sigui lesa e buki aki, un kapítulo òf mas pa dia te ora ku bo kaba ku esei i sigui ku un otro.

Nota kada buki ku bo a kaba.
E lista aki tambe ta ideal pa memorisá e órden di e Bukinan di Beibel!
Dikon no organisá un kompetensia na bo kas? Ban p'e!

Nòmber di e Buki di Beibel	Kapítulonan di kada buki	Mi a hasié !
Buki di Mateo	28	
Buki di Marko	16	
Buki di Lukas	24	
Buki di Huan	21	
Buki di Echonan	28	
Buki di Romanonan	16	
Buki di 1 Korintionan	16	
Buki di 2 Korintionan	13	
Buki di Galationan	6	
Buki di Efesionan	6	
Buki di Filipensenan	4	
Buki di Kolosensenan	4	
Buki di 1 Tesalonisensenan	5	
Buki di 2 Tesalonisensenan	3	
Buki di 1 Timoteo	6	
Buki di 2 Timoteo	4	
Buki di Tito	3	
Buki di Filemon	1	
Buki di Hebreonan	13	
Buki di Santiago	5	
Buki di 1 Pedro	5	
Buki di 2 Pedro	3	
Buki di 1 Huan	5	
Buki di 2 Huan	1	
Buki di 3 Huan	1	
Buki di Hudas	1	
Buki di Revelashon	22	

Skohe un buki di Beibel i lesa diariamente un kapítulo te ora ku bo kaba di lesa henter e buki. Despues skohe un otro buki.

E lesamentu di e palabra di Dios mester bira un kos dushi pa hasi. E mester ta e momentu ku bo ta pasa tempu ku Dios Todopoderoso i skuchando direktamente for di Dios den Su Palabra.

Un deboshon di 6 stap pa lesa Beibel

E Teksto di Beibel	Nota e teksto di Beibel ku bo a lesa.
Un Aspekto Nobo	Skirbi algo nobo ku bo a lesa den Beibel awé. E por ta un versíkulo ku nunka bo a yega di lesa, òf un palabra ku a kapta bo atenshon
E Sorpresa "WOW"	Kiko a impaktá bo mas tantu awé? Kiko a impreshoná bo mas tantu? "Berdat?" mi no tabata sa!!
E Atributonan di Dios	Ken Dios ta bisa ku E ta? Identifiká atributonan di Dios Su karakter. Skirbi e kualidatnan di Dios ku E ta mustra nos den e teksto aki. Pensa riba ken Dios ta; Dios Su amor i identidat.
Kiko Awor?	Awor puntra bo mes "Kiko awor? Si ta asina Beibel ta bisa, kiko mi ta bai hasi diferente? Kon e Palabra ta bai moldia mi bida? Kiko tin ku kambia? Repasá bo preguntanan di 2 te 4 i skirbi kon e teksto aki por kambia bo pa krese mas serka di Kristu Hesus.
Orashon	Ta tempu pa hasi orashon. Pidi Dios yuda bo, skirbi un orashon.

Kon pa usa e deboshonal aki?

Skohe un buki di Beibel.

Lesa un kapítulo pa dia.

Hasi notashon den bo Deboshonal. Sigui tur 6 stap. No salta un.

Pensa kiko bo a siña ku bo mester kambia.

Hasi orashon pa Dios kambia bo bida.

Lo mi hasi orashon pa bo. Chèk mi riba Facebook. Y manda bo preguntanan.

Ban wak awor... Kon bo ta lesa Beibel?

Bo ta kuminsá lesa Beibel ku orashon,
pidiendo Dios pa yuda bo komprondé.
Na promé lugá, pa bo lesa e Beibel bo mester
traha un plan i mantené bo mes na dje.
Esakinan bo por ku pone den práktika pa bo plan funshoná;
Manten'e simpel. Buska un kompañero i kuminsá!

Dikon?

Tal bes ta tempu pa bo siña konfia Dios mas i pa krese komo un Kristian.

Tal bes bo tin preguntanan tokante bida i bo ta spera di haña nan den Beibel.

Tal bes bo kier haña fe i no sa unda pa kuminsá.

Tal bes tur hende ta bisa bo pa bo lesa e Beibel i bo no sa kon pa hasi esaki.

Pues e Deboshonal akí ta un gran komienso pa bo!

Ban P'e!

Algun Atributonan di Dios

Dios ta un Persona
Dios ta Spiritu
Dios ta Inkambiabel
Dios ta Eternal
Dios ta Todo Poderoso
Dios ta Omni Presente
Dios ta Sabí
Dios ta Soberano
Dios ta Santu
Dios ta Fiel
Dios ta Berdat
Dios ta Amor
Dios ta Miserikordioso
Dios tin Grasia
Dios ta Bon
Dios ta Infinito
Dios di Milager
Dios ta Magnífiko
Dios ta Berdat
Dios di Pas

Mas kayente
e kandela
di prueba,
mas grandi
Dios Su
grasia
ta pa mi.

— Priscilla Krolis

1. E Teksto di Beibel   Fecha:_____

    Nota e teksto di Beibel ku bo a lesa.

2. Un Aspekto Nobo

    Skirbi algo nobo ku bo a lesa den Beibel awé. E por ta un versíkulo ku nunka bo a yega di lesa, òf un palabra ku a kapta bo atenshon

3. E Sorpresa "WOW"

    Kiko a impaktá bo mas tantu awé? Kiko a impreshoná bo mas tantu? "Berdat?" mi no tabata sa!!

4. E Atributonan di Dios

Ken Dios ta bisa ku E ta? Identifiká atributonan di Dios Su karakter.
Skirbi e kualidatnan di Dios ku E ta mustra nos den e teksto aki. Pensa riba ken Dios ta; Dios Su amor i identidat.

5. Kiko Awor?

Awor puntra bo mes "Kiko awor? Si ta asina Beibel ta bisa, kiko mi ta bai hasi diferente? Kon e Palabra ta bai moldia mi bida? Kiko tin ku kambia? Repasá bo preguntanan di 2 te 4 i skirbi kon e teksto aki por kambia bo pa krese mas serka di Kristu Hesus.

6. Orashon

Ta tempu pa hasi orashon. Pidi Dios yuda bo, skirbi un orashon.

1. E Teksto di Beibel
   Nota e teksto di Beibel ku bo a lesa.

Fecha:_____

2. Un Aspekto Nobo
   Skirbi algo nobo ku bo a lesa den Beibel awé. E por ta un versíkulo ku nunka bo a yega di lesa, òf un palabra ku a kapta bo atenshon

3. E Sorpresa "WOW"
   Kiko a impaktá bo mas tantu awé? Kiko a impreshoná bo mas tantu? "Berdat?" mi no tabata sa!!

4. E Atributonan di Dios

Ken Dios ta bisa ku E ta? Identifiká atributonan di Dios Su karakter.
Skirbi e kualidatnan di Dios ku E ta mustra nos den e teksto aki. Pensa riba ken Dios ta; Dios Su amor i identidat.

5. Kiko Awor?

Awor puntra bo mes "Kiko awor? Si ta asina Beibel ta bisa, kiko mi ta bai hasi diferente? Kon e Palabra ta bai moldia mi bida? Kiko tin ku kambia? Repasá bo preguntanan di 2 te 4 i skirbi kon e teksto aki por kambia bo pa krese mas serka di Kristu Hesus.

6. Orashon

Ta tempu pa hasi orashon. Pidi Dios yuda bo, skirbi un orashon.

1. E Teksto di Beibel   Fecha:_____
    Nota e teksto di Beibel ku bo a lesa.

2. Un Aspekto Nobo
    Skirbi algo nobo ku bo a lesa den Beibel awé. E por ta un versíkulo ku nunka bo a yega di lesa, òf un palabra ku a kapta bo atenshon

3. E Sorpresa "WOW"
    Kiko a impaktá bo mas tantu awé? Kiko a impreshoná bo mas tantu? "Berdat?" mi no tabata sa!!

4. E Atributonan di Dios

Ken Dios ta bisa ku E ta? Identifiká atributonan di Dios Su karakter.
Skirbi e kualidatnan di Dios ku E ta mustra nos den e teksto aki. Pensa riba ken Dios ta; Dios Su amor i identidat.

5. Kiko Awor?

Awor puntra bo mes "Kiko awor? Si ta asina Beibel ta bisa, kiko mi ta bai hasi diferente? Kon e Palabra ta bai moldia mi bida? Kiko tin ku kambia? Repasá bo preguntanan di 2 te 4 i skirbi kon e teksto aki por kambia bo pa krese mas serka di Kristu Hesus.

6. Orashon

Ta tempu pa hasi orashon. Pidi Dios yuda bo, skirbi un orashon.

1. E Teksto di Beibel   Fecha:_____

   Nota e teksto di Beibel ku bo a lesa.

2. Un Aspekto Nobo

   Skirbi algo nobo ku bo a lesa den Beibel awé. E por ta un versíkulo ku nunka bo a yega di lesa, òf un palabra ku a kapta bo atenshon

3. E Sorpresa "WOW"

   Kiko a impaktá bo mas tantu awé? Kiko a impreshoná bo mas tantu? "Berdat?" mi no tabata sa!!

4. E Atributonan di Dios

Ken Dios ta bisa ku E ta? Identifiká atributonan di Dios Su karakter.
Skirbi e kualidatnan di Dios ku E ta mustra nos den e teksto aki. Pensa riba ken Dios ta; Dios Su amor i identidat.

5. Kiko Awor?

Awor puntra bo mes "Kiko awor? Si ta asina Beibel ta bisa, kiko mi ta bai hasi diferente? Kon e Palabra ta bai moldia mi bida? Kiko tin ku kambia? Repasá bo preguntanan di 2 te 4 i skirbi kon e teksto aki por kambia bo pa krese mas serka di Kristu Hesus.

6. Orashon

Ta tempu pa hasi orashon. Pidi Dios yuda bo, skirbi un orashon.

1. E Teksto di Beibel
   Nota e teksto di Beibel ku bo a lesa.

Fecha:_____

2. Un Aspekto Nobo
   Skirbi algo nobo ku bo a lesa den Beibel awé. E por ta un versíkulo ku nunka bo a yega di lesa, òf un palabra ku a kapta bo atenshon

3. E Sorpresa "WOW"
   Kiko a impaktá bo mas tantu awé? Kiko a impreshoná bo mas tantu? "Berdat?" mi no tabata sa!!

4. E Atributonan di Dios

Ken Dios ta bisa ku E ta? Identifiká atributonan di Dios Su karakter. Skirbi e kualidatnan di Dios ku E ta mustra nos den e teksto aki. Pensa riba ken Dios ta; Dios Su amor i identidat.

5. Kiko Awor?

Awor puntra bo mes "Kiko awor? Si ta asina Beibel ta bisa, kiko mi ta bai hasi diferente? Kon e Palabra ta bai moldia mi bida? Kiko tin ku kambia? Repasá bo preguntanan di 2 te 4 i skirbi kon e teksto aki por kambia bo pa krese mas serka di Kristu Hesus.

6. Orashon

Ta tempu pa hasi orashon. Pidi Dios yuda bo, skirbi un orashon.

1. E Teksto di Beibel
Nota e teksto di Beibel ku bo a lesa.

Fecha:_____

2. Un Aspekto Nobo
Skirbi algo nobo ku bo a lesa den Beibel awé. E por ta un versíkulo ku nunka bo a yega di lesa, òf un palabra ku a kapta bo atenshon

3. E Sorpresa "WOW"
Kiko a impaktá bo mas tantu awé? Kiko a impreshoná bo mas tantu? "Berdat?" mi no tabata sa!!

4. E Atributonan di Dios

Ken Dios ta bisa ku E ta? Identifiká atributonan di Dios Su karakter.
Skirbi e kualidatnan di Dios ku E ta mustra nos den e teksto aki. Pensa riba ken Dios ta; Dios Su amor i identidat.

5. Kiko Awor?

Awor puntra bo mes "Kiko awor? Si ta asina Beibel ta bisa, kiko mi ta bai hasi diferente? Kon e Palabra ta bai moldia mi bida? Kiko tin ku kambia? Repasá bo preguntanan di 2 te 4 i skirbi kon e teksto aki por kambia bo pa krese mas serka di Kristu Hesus.

6. Orashon

Ta tempu pa hasi orashon. Pidi Dios yuda bo, skirbi un orashon.

1. E Teksto di Beibel
   Nota e teksto di Beibel ku bo a lesa.

Fecha:_____

2. Un Aspekto Nobo
   Skirbi algo nobo ku bo a lesa den Beibel awé. E por ta un versíkulo ku nunka bo a yega di lesa, òf un palabra ku a kapta bo atenshon

3. E Sorpresa "WOW"
   Kiko a impaktá bo mas tantu awé? Kiko a impreshoná bo mas tantu? "Berdat?" mi no tabata sa!!

4. E Atributonan di Dios

Ken Dios ta bisa ku E ta? Identifiká atributonan di Dios Su karakter.
Skirbi e kualidatnan di Dios ku E ta mustra nos den e teksto aki. Pensa riba ken Dios ta; Dios Su amor i identidat.

5. Kiko Awor?

Awor puntra bo mes "Kiko awor? Si ta asina Beibel ta bisa, kiko mi ta bai hasi diferente? Kon e Palabra ta bai moldia mi bida? Kiko tin ku kambia? Repasá bo preguntanan di 2 te 4 i skirbi kon e teksto aki por kambia bo pa krese mas serka di Kristu Hesus.

6. Orashon

Ta tempu pa hasi orashon. Pidi Dios yuda bo, skirbi un orashon.

PT 1:19: "AND WE HAVE *the prophetic word* more fully confirmed, to which YOU WILL DO WELL TO PAY ATTENTION TO as to a lamp shining in a dark place, until the day dawns and the morning star rises."

Orashon

*Ata aki algun versíkulo di Beibel pa bo studia i memorisá.
Nan ta bisa bo dikon bo mester lesa e Beibel.*

Romanonan 10:17
Asina ta ku fe ta bini for di tendementu, i tendementu pa medio di e palabra di Kristu.

Hebreonan 4:12
Pasobra e palabra di Dios ta bibu i aktivo i mas skèrpi ku kualkier spada di dos filo, i ta penetrá te na divishon di alma i spiritu, i di skarnir i tuti, i ta kapas pa huzga e pensamentunan i intenshonnan di kurason.

Job 23:12
Mi no a bandoná e mandamentu di Su lepnan; mi a stima e palabranan di Su boka mas ku mi porshon di kuminda di tur dia.

Salmo 119:11
Bo palabra mi a skonde den mi kurason, pa mi no peka kontra Bo.

2Timoteo 3:16,17
Tur Skritura ta inspirá pa Dios i ta útil pa siñansa, pa reprendementu, pa korekshon, pa eduká den hustisia, pa e hende di Dios por ta perfekto, ekipá pa tur bon obra.

1. E Teksto di Beibel
Nota e teksto di Beibel ku bo a lesa.

Fecha:_____

2. Un Aspekto Nobo
Skirbi algo nobo ku bo a lesa den Beibel awé. E por ta un versíkulo ku nunka bo a yega di lesa, òf un palabra ku a kapta bo atenshon

3. E Sorpresa "WOW"
Kiko a impaktá bo mas tantu awé? Kiko a impreshoná bo mas tantu? "Berdat?" mi no tabata sa!!

4. E Atributonan di Dios

Ken Dios ta bisa ku E ta? Identifiká atributonan di Dios Su karakter. Skirbi e kualidatnan di Dios ku E ta mustra nos den e teksto aki. Pensa riba ken Dios ta; Dios Su amor i identidat.

5. Kiko Awor?

Awor puntra bo mes "Kiko awor? Si ta asina Beibel ta bisa, kiko mi ta bai hasi diferente? Kon e Palabra ta bai moldia mi bida? Kiko tin ku kambia? Repasá bo preguntanan di 2 te 4 i skirbi kon e teksto aki por kambia bo pa krese mas serka di Kristu Hesus.

6. Orashon

Ta tempu pa hasi orashon. Pidi Dios yuda bo, skirbi un orashon.

1. E Teksto di Beibel
Nota e teksto di Beibel ku bo a lesa.

Fecha:_____

2. Un Aspekto Nobo
Skirbi algo nobo ku bo a lesa den Beibel awé. E por ta un versíkulo ku nunka bo a yega di lesa, òf un palabra ku a kapta bo atenshon

3. E Sorpresa "WOW"
Kiko a impaktá bo mas tantu awé? Kiko a impreshoná bo mas tantu? "Berdat?" mi no tabata sa!!

4. E Atributonan di Dios

Ken Dios ta bisa ku E ta? Identifiká atributonan di Dios Su karakter.
Skirbi e kualidatnan di Dios ku E ta mustra nos den e teksto aki. Pensa riba ken Dios ta; Dios Su amor i identidat.

5. Kiko Awor?

Awor puntra bo mes "Kiko awor? Si ta asina Beibel ta bisa, kiko mi ta bai hasi diferente? Kon e Palabra ta bai moldia mi bida? Kiko tin ku kambia? Repasá bo preguntanan di 2 te 4 i skirbi kon e teksto aki por kambia bo pa krese mas serka di Kristu Hesus.

6. Orashon

Ta tempu pa hasi orashon. Pidi Dios yuda bo, skirbi un orashon.

Fecha:_____

1. E Teksto di Beibel
Nota e teksto di Beibel ku bo a lesa.

2. Un Aspekto Nobo
Skirbi algo nobo ku bo a lesa den Beibel awé. E por ta un versíkulo ku nunka bo a yega di lesa, òf un palabra ku a kapta bo atenshon

3. E Sorpresa "WOW"
Kiko a impaktá bo mas tantu awé? Kiko a impreshoná bo mas tantu? "Berdat?" mi no tabata sa!!

4. E Atributonan di Dios

Ken Dios ta bisa ku E ta? Identifiká atributonan di Dios Su karakter.
Skirbi e kualidatnan di Dios ku E ta mustra nos den e teksto aki. Pensa riba ken Dios ta; Dios Su amor i identidat.

5. Kiko Awor?

Awor puntra bo mes "Kiko awor? Si ta asina Beibel ta bisa, kiko mi ta bai hasi diferente? Kon e Palabra ta bai moldia mi bida? Kiko tin ku kambia? Repasá bo preguntanan di 2 te 4 i skirbi kon e teksto aki por kambia bo pa krese mas serka di Kristu Hesus.

6. Orashon

Ta tempu pa hasi orashon. Pidi Dios yuda bo, skirbi un orashon.

1. E Teksto di Beibel
   Nota e teksto di Beibel ku bo a lesa.

Fecha:_____

2. Un Aspekto Nobo
   Skirbi algo nobo ku bo a lesa den Beibel awé. E por ta un versíkulo ku nunka bo a yega di lesa, òf un palabra ku a kapta bo atenshon

3. E Sorpresa "WOW"
   Kiko a impaktá bo mas tantu awé? Kiko a impreshoná bo mas tantu? "Berdat?" mi no tabata sa!!

4. E Atributonan di Dios

Ken Dios ta bisa ku E ta? Identifiká atributonan di Dios Su karakter.
Skirbi e kualidatnan di Dios ku E ta mustra nos den e teksto aki. Pensa riba ken Dios ta; Dios Su amor i identidat.

5. Kiko Awor?

Awor puntra bo mes "Kiko awor? Si ta asina Beibel ta bisa, kiko mi ta bai hasi diferente? Kon e Palabra ta bai moldia mi bida? Kiko tin ku kambia? Repasá bo preguntanan di 2 te 4 i skirbi kon e teksto aki por kambia bo pa krese mas serka di Kristu Hesus.

6. Orashon

Ta tempu pa hasi orashon. Pidi Dios yuda bo, skirbi un orashon.

1. E Teksto di Beibel
   Nota e teksto di Beibel ku bo a lesa.

Fecha:_____

2. Un Aspekto Nobo
   Skirbi algo nobo ku bo a lesa den Beibel awé. E por ta un versíkulo ku nunka bo a yega di lesa, òf un palabra ku a kapta bo atenshon

3. E Sorpresa "WOW"
   Kiko a impaktá bo mas tantu awé? Kiko a impreshoná bo mas tantu? "Berdat?" mi no tabata sa!!

4. E Atributonan di Dios

Ken Dios ta bisa ku E ta? Identifiká atributonan di Dios Su karakter.
Skirbi e kualidatnan di Dios ku E ta mustra nos den e teksto aki. Pensa riba ken Dios ta; Dios Su amor i identidat.

5. Kiko Awor?

Awor puntra bo mes "Kiko awor? Si ta asina Beibel ta bisa, kiko mi ta bai hasi diferente? Kon e Palabra ta bai moldia mi bida? Kiko tin ku kambia? Repasá bo preguntanan di 2 te 4 i skirbi kon e teksto aki por kambia bo pa krese mas serka di Kristu Hesus.

6. Orashon

Ta tempu pa hasi orashon. Pidi Dios yuda bo, skirbi un orashon.

1. E Teksto di Beibel
Nota e teksto di Beibel ku bo a lesa.

Fecha:_____

2. Un Aspekto Nobo
Skirbi algo nobo ku bo a lesa den Beibel awé. E por ta un versíkulo ku nunka bo a yega di lesa, òf un palabra ku a kapta bo atenshon

3. E Sorpresa "WOW"
Kiko a impaktá bo mas tantu awé? Kiko a impreshoná bo mas tantu? "Berdat?" mi no tabata sa!!

4. E Atributonan di Dios

Ken Dios ta bisa ku E ta? Identifiká atributonan di Dios Su karakter.
Skirbi e kualidatnan di Dios ku E ta mustra nos den e teksto aki. Pensa riba ken Dios ta; Dios Su amor i identidat.

5. Kiko Awor?

Awor puntra bo mes "Kiko awor? Si ta asina Beibel ta bisa, kiko mi ta bai hasi diferente? Kon e Palabra ta bai moldia mi bida? Kiko tin ku kambia? Repasá bo preguntanan di 2 te 4 i skirbi kon e teksto aki por kambia bo pa krese mas serka di Kristu Hesus.

6. Orashon

Ta tempu pa hasi orashon. Pidi Dios yuda bo, skirbi un orashon.

1. E Teksto di Beibel
Nota e teksto di Beibel ku bo a lesa.

Fecha:_____

2. Un Aspekto Nobo
Skirbi algo nobo ku bo a lesa den Beibel awé. E por ta un versíkulo ku nunka bo a yega di lesa, òf un palabra ku a kapta bo atenshon

3. E Sorpresa "WOW"
Kiko a impaktá bo mas tantu awé? Kiko a impreshoná bo mas tantu? "Berdat?" mi no tabata sa!!

4. E Atributonan di Dios

Ken Dios ta bisa ku E ta? Identifiká atributonan di Dios Su karakter.
Skirbi e kualidatnan di Dios ku E ta mustra nos den e teksto aki. Pensa riba ken Dios ta; Dios Su amor i identidat.

5. Kiko Awor?

Awor puntra bo mes "Kiko awor? Si ta asina Beibel ta bisa, kiko mi ta bai hasi diferente? Kon e Palabra ta bai moldia mi bida? Kiko tin ku kambia? Repasá bo preguntanan di 2 te 4 i skirbi kon e teksto aki por kambia bo pa krese mas serka di Kristu Hesus.

6. Orashon

Ta tempu pa hasi orashon. Pidi Dios yuda bo, skirbi un orashon.

2 PT 1:19 "AND WE HAVE *the prophetic word* more fully confirmed, to which YOU WILL DO WELL TO PAY ATTENTION to as to a lamp shining in a dark place, until the day dawns and the morning star rises!

Orashon

Ora bo tin ku laba tayo (atrobe), bisa Dios danki ku tabata tin kuminda.

Luisette Kraal

www.luisettekraal.com

1. E Teksto di Beibel
Nota e teksto di Beibel ku bo a lesa.

Fecha:_____

2. Un Aspekto Nobo
Skirbi algo nobo ku bo a lesa den Beibel awé. E por ta un versíkulo ku nunka bo a yega di lesa, òf un palabra ku a kapta bo atenshon

3. E Sorpresa "WOW"
Kiko a impaktá bo mas tantu awé? Kiko a impreshoná bo mas tantu? "Berdat?" mi no tabata sa!!

4. E Atributonan di Dios

Ken Dios ta bisa ku E ta? Identifiká atributonan di Dios Su karakter. Skirbi e kualidatnan di Dios ku E ta mustra nos den e teksto aki. Pensa riba ken Dios ta; Dios Su amor i identidat.

5. Kiko Awor?

Awor puntra bo mes "Kiko awor? Si ta asina Beibel ta bisa, kiko mi ta bai hasi diferente? Kon e Palabra ta bai moldia mi bida? Kiko tin ku kambia? Repasá bo preguntanan di 2 te 4 i skirbi kon e teksto aki por kambia bo pa krese mas serka di Kristu Hesus.

6. Orashon

Ta tempu pa hasi orashon. Pidi Dios yuda bo, skirbi un orashon.

1. E Teksto di Beibel

Fecha:_____

Nota e teksto di Beibel ku bo a lesa.

2. Un Aspekto Nobo

Skirbi algo nobo ku bo a lesa den Beibel awé. E por ta un versíkulo ku nunka bo a yega di lesa, òf un palabra ku a kapta bo atenshon

3. E Sorpresa "WOW"

Kiko a impaktá bo mas tantu awé? Kiko a impreshoná bo mas tantu? "Berdat?" mi no tabata sa!!

4. E Atributonan di Dios

Ken Dios ta bisa ku E ta? Identifiká atributonan di Dios Su karakter.
Skirbi e kualidatnan di Dios ku E ta mustra nos den e teksto aki. Pensa riba ken Dios ta; Dios Su amor i identidat.

5. Kiko Awor?

Awor puntra bo mes "Kiko awor? Si ta asina Beibel ta bisa, kiko mi ta bai hasi diferente? Kon e Palabra ta bai moldia mi bida? Kiko tin ku kambia? Repasá bo preguntanan di 2 te 4 i skirbi kon e teksto aki por kambia bo pa krese mas serka di Kristu Hesus.

6. Orashon

Ta tempu pa hasi orashon. Pidi Dios yuda bo, skirbi un orashon.

Fecha:_____

1. E Teksto di Beibel
Nota e teksto di Beibel ku bo a lesa.

2. Un Aspekto Nobo
Skirbi algo nobo ku bo a lesa den Beibel awé. E por ta un versíkulo ku nunka bo a yega di lesa, òf un palabra ku a kapta bo atenshon

3. E Sorpresa "WOW"
Kiko a impaktá bo mas tantu awé? Kiko a impreshoná bo mas tantu? "Berdat?" mi no tabata sa!!

4. E Atributonan di Dios

Ken Dios ta bisa ku E ta? Identifiká atributonan di Dios Su karakter.
Skirbi e kualidatnan di Dios ku E ta mustra nos den e teksto aki. Pensa riba ken Dios ta; Dios Su amor i identidat.

5. Kiko Awor?

Awor puntra bo mes "Kiko awor? Si ta asina Beibel ta bisa, kiko mi ta bai hasi diferente? Kon e Palabra ta bai moldia mi bida? Kiko tin ku kambia? Repasá bo preguntanan di 2 te 4 i skirbi kon e teksto aki por kambia bo pa krese mas serka di Kristu Hesus.

6. Orashon

Ta tempu pa hasi orashon. Pidi Dios yuda bo, skirbi un orashon.

1. E Teksto di Beibel
   Nota e teksto di Beibel ku bo a lesa.

Fecha:_____

2. Un Aspekto Nobo
   Skirbi algo nobo ku bo a lesa den Beibel awé. E por ta un versíkulo ku nunka bo a yega di lesa, òf un palabra ku a kapta bo atenshon

3. E Sorpresa "WOW"
   Kiko a impaktá bo mas tantu awé? Kiko a impreshoná bo mas tantu? "Berdat?" mi no tabata sa!!

4. E Atributonan di Dios

Ken Dios ta bisa ku E ta? Identifiká atributonan di Dios Su karakter.

Skirbi e kualidatnan di Dios ku E ta mustra nos den e teksto aki. Pensa riba ken Dios ta; Dios Su amor i identidat.

5. Kiko Awor?

Awor puntra bo mes "Kiko awor? Si ta asina Beibel ta bisa, kiko mi ta bai hasi diferente? Kon e Palabra ta bai moldia mi bida? Kiko tin ku kambia? Repasá bo preguntanan di 2 te 4 i skirbi kon e teksto aki por kambia bo pa krese mas serka di Kristu Hesus.

6. Orashon

Ta tempu pa hasi orashon. Pidi Dios yuda bo, skirbi un orashon.

1. E Teksto di Beibel
   Nota e teksto di Beibel ku bo a lesa.

Fecha:_____

2. Un Aspekto Nobo
   Skirbi algo nobo ku bo a lesa den Beibel awé. E por ta un versíkulo ku nunka bo a yega di lesa, òf un palabra ku a kapta bo atenshon

3. E Sorpresa "WOW"
   Kiko a impaktá bo mas tantu awé? Kiko a impreshoná bo mas tantu? "Berdat?" mi no tabata sa!!

4. E Atributonan di Dios

Ken Dios ta bisa ku E ta? Identifiká atributonan di Dios Su karakter.
Skirbi e kualidatnan di Dios ku E ta mustra nos den e teksto aki. Pensa riba ken Dios ta; Dios Su amor i identidat.

5. Kiko Awor?

Awor puntra bo mes "Kiko awor? Si ta asina Beibel ta bisa, kiko mi ta bai hasi diferente? Kon e Palabra ta bai moldia mi bida? Kiko tin ku kambia? Repasá bo preguntanan di 2 te 4 i skirbi kon e teksto aki por kambia bo pa krese mas serka di Kristu Hesus.

6. Orashon

Ta tempu pa hasi orashon. Pidi Dios yuda bo, skirbi un orashon.

1. E Teksto di Beibel
Nota e teksto di Beibel ku bo a lesa.

Fecha:_____

2. Un Aspekto Nobo
Skirbi algo nobo ku bo a lesa den Beibel awé. E por ta un versíkulo ku nunka bo a yega di lesa, òf un palabra ku a kapta bo atenshon

3. E Sorpresa "WOW"
Kiko a impaktá bo mas tantu awé? Kiko a impreshoná bo mas tantu? "Berdat?" mi no tabata sa!!

4. E Atributonan di Dios

Ken Dios ta bisa ku E ta? Identifiká atributonan di Dios Su karakter.
Skirbi e kualidatnan di Dios ku E ta mustra nos den e teksto aki. Pensa riba ken Dios ta; Dios Su amor i identidat.

5. Kiko Awor?

Awor puntra bo mes "Kiko awor? Si ta asina Beibel ta bisa, kiko mi ta bai hasi diferente? Kon e Palabra ta bai moldia mi bida? Kiko tin ku kambia? Repasá bo preguntanan di 2 te 4 i skirbi kon e teksto aki por kambia bo pa krese mas serka di Kristu Hesus.

6. Orashon

Ta tempu pa hasi orashon. Pidi Dios yuda bo, skirbi un orashon.

Fecha:_____

1. E Teksto di Beibel
Nota e teksto di Beibel ku bo a lesa.

2. Un Aspekto Nobo
Skirbi algo nobo ku bo a lesa den Beibel awé. E por ta un versíkulo ku nunka bo a yega di lesa, òf un palabra ku a kapta bo atenshon

3. E Sorpresa "WOW"
Kiko a impaktá bo mas tantu awé? Kiko a impreshoná bo mas tantu? "Berdat?" mi no tabata sa!!

4. E Atributonan di Dios

Ken Dios ta bisa ku E ta? Identifiká atributonan di Dios Su karakter.
Skirbi e kualidatnan di Dios ku E ta mustra nos den e teksto aki. Pensa riba ken Dios ta; Dios Su amor i identidat.

5. Kiko Awor?

Awor puntra bo mes "Kiko awor? Si ta asina Beibel ta bisa, kiko mi ta bai hasi diferente? Kon e Palabra ta bai moldia mi bida? Kiko tin ku kambia? Repasá bo preguntanan di 2 te 4 i skirbi kon e teksto aki por kambia bo pa krese mas serka di Kristu Hesus.

6. Orashon

Ta tempu pa hasi orashon. Pidi Dios yuda bo, skirbi un orashon.

2 PT 1:19 "AND WE HAVE *the prophetic word* more fully confirmed, to which YOU WILL DO WELL TO PAY ATTENTION TO as to a lamp shining in a dark place, until the day dawns and the morning star rises!"

Orashon

Ora kos ta malu

Toka alabansa
Sende un bela ku ta hole dushi
Bebe vitamina B6 i B12
Bula kabuya 20 biaha
Habri tur bentana i laga airu fresku pasa
Skibi den bo diario
Pinta òf fèrf
Bai kana, maske awa ta kai
Pone flor riba mesa
Traha un bolo
Kishikí bo yunan
Hari i konta "joke"
ounke bo kurason mes ta wantá ainda
Hasi orashon pa DIOS
transformá e atmósfera den bo kas.
Kuminsando ku abo mes.

Luisette Kraal

1. E Teksto di Beibel   Fecha:_____

    Nota e teksto di Beibel ku bo a lesa.

2. Un Aspekto Nobo

    Skirbi algo nobo ku bo a lesa den Beibel awé. E por ta un versíkulo ku nunka bo a yega di lesa, òf un palabra ku a kapta bo atenshon

3. E Sorpresa "WOW"

    Kiko a impaktá bo mas tantu awé? Kiko a impreshoná bo mas tantu? "Berdat?" mi no tabata sa!!

4. E Atributonan di Dios

Ken Dios ta bisa ku E ta? Identifiká atributonan di Dios Su karakter.
Skirbi e kualidatnan di Dios ku E ta mustra nos den e teksto aki. Pensa riba ken Dios ta; Dios Su amor i identidat.

5. Kiko Awor?

Awor puntra bo mes "Kiko awor? Si ta asina Beibel ta bisa, kiko mi ta bai hasi diferente? Kon e Palabra ta bai moldia mi bida? Kiko tin ku kambia? Repasá bo preguntanan di 2 te 4 i skirbi kon e teksto aki por kambia bo pa krese mas serka di Kristu Hesus.

6. Orashon

Ta tempu pa hasi orashon. Pidi Dios yuda bo, skirbi un orashon.

1. E Teksto di Beibel
Nota e teksto di Beibel ku bo a lesa.

Fecha:_____

2. Un Aspekto Nobo
Skirbi algo nobo ku bo a lesa den Beibel awé. E por ta un versíkulo ku nunka bo a yega di lesa, òf un palabra ku a kapta bo atenshon

3. E Sorpresa "WOW"
Kiko a impaktá bo mas tantu awé? Kiko a impreshoná bo mas tantu? "Berdat?" mi no tabata sa!!

4. E Atributonan di Dios

Ken Dios ta bisa ku E ta? Identifiká atributonan di Dios Su karakter.
Skirbi e kualidatnan di Dios ku E ta mustra nos den e teksto aki. Pensa riba ken Dios ta; Dios Su amor i identidat.

5. Kiko Awor?

Awor puntra bo mes "Kiko awor? Si ta asina Beibel ta bisa, kiko mi ta bai hasi diferente? Kon e Palabra ta bai moldia mi bida? Kiko tin ku kambia? Repasá bo preguntanan di 2 te 4 i skirbi kon e teksto aki por kambia bo pa krese mas serka di Kristu Hesus.

6. Orashon

Ta tempu pa hasi orashon. Pidi Dios yuda bo, skirbi un orashon.

1. E Teksto di Beibel
Nota e teksto di Beibel ku bo a lesa.

Fecha:_____

2. Un Aspekto Nobo
Skirbi algo nobo ku bo a lesa den Beibel awé. E por ta un versíkulo ku nunka bo a yega di lesa, òf un palabra ku a kapta bo atenshon

3. E Sorpresa "WOW"
Kiko a impaktá bo mas tantu awé? Kiko a impreshoná bo mas tantu? "Berdat?" mi no tabata sa!!

4. E Atributonan di Dios

Ken Dios ta bisa ku E ta? Identifiká atributonan di Dios Su karakter.
Skirbi e kualidatnan di Dios ku E ta mustra nos den e teksto aki. Pensa riba ken Dios ta; Dios Su amor i identidat.

5. Kiko Awor?

Awor puntra bo mes "Kiko awor? Si ta asina Beibel ta bisa, kiko mi ta bai hasi diferente? Kon e Palabra ta bai moldia mi bida? Kiko tin ku kambia? Repasá bo preguntanan di 2 te 4 i skirbi kon e teksto aki por kambia bo pa krese mas serka di Kristu Hesus.

6. Orashon

Ta tempu pa hasi orashon. Pidi Dios yuda bo, skirbi un orashon.

1. E Teksto di Beibel Fecha:_____
   Nota e teksto di Beibel ku bo a lesa.

2. Un Aspekto Nobo
   Skirbi algo nobo ku bo a lesa den Beibel awé. E por ta un versíkulo ku nunka bo a yega di lesa, òf un palabra ku a kapta bo atenshon

3. E Sorpresa "WOW"
   Kiko a impaktá bo mas tantu awé? Kiko a impreshoná bo mas tantu? "Berdat?" mi no tabata sa!!

4. E Atributonan di Dios

Ken Dios ta bisa ku E ta? Identifiká atributonan di Dios Su karakter. Skirbi e kualidatnan di Dios ku E ta mustra nos den e teksto aki. Pensa riba ken Dios ta; Dios Su amor i identidat.

5. Kiko Awor?

Awor puntra bo mes "Kiko awor? Si ta asina Beibel ta bisa, kiko mi ta bai hasi diferente? Kon e Palabra ta bai moldia mi bida? Kiko tin ku kambia? Repasá bo preguntanan di 2 te 4 i skirbi kon e teksto aki por kambia bo pa krese mas serka di Kristu Hesus.

6. Orashon

Ta tempu pa hasi orashon. Pidi Dios yuda bo, skirbi un orashon.

1. E Teksto di Beibel
   Nota e teksto di Beibel ku bo a lesa.

Fecha:_____

2. Un Aspekto Nobo
   Skirbi algo nobo ku bo a lesa den Beibel awé. E por ta un versíkulo ku nunka bo a yega di lesa, òf un palabra ku a kapta bo atenshon

3. E Sorpresa "WOW"
   Kiko a impaktá bo mas tantu awé? Kiko a impreshoná bo mas tantu? "Berdat?" mi no tabata sa!!

4. E Atributonan di Dios

Ken Dios ta bisa ku E ta? Identifiká atributonan di Dios Su karakter.
Skirbi e kualidatnan di Dios ku E ta mustra nos den e teksto aki. Pensa riba ken Dios ta; Dios Su amor i identidat.

5. Kiko Awor?

Awor puntra bo mes "Kiko awor? Si ta asina Beibel ta bisa, kiko mi ta bai hasi diferente? Kon e Palabra ta bai moldia mi bida? Kiko tin ku kambia? Repasá bo preguntanan di 2 te 4 i skirbi kon e teksto aki por kambia bo pa krese mas serka di Kristu Hesus.

6. Orashon

Ta tempu pa hasi orashon. Pidi Dios yuda bo, skirbi un orashon.

1. E Teksto di Beibel
Nota e teksto di Beibel ku bo a lesa.

Fecha:_____

2. Un Aspekto Nobo
Skirbi algo nobo ku bo a lesa den Beibel awé. E por ta un versíkulo ku nunka bo a yega di lesa, òf un palabra ku a kapta bo atenshon

3. E Sorpresa "WOW"
Kiko a impaktá bo mas tantu awé? Kiko a impreshoná bo mas tantu? "Berdat?" mi no tabata sa!!

4. E Atributonan di Dios

Ken Dios ta bisa ku E ta? Identifiká atributonan di Dios Su karakter.
Skirbi e kualidatnan di Dios ku E ta mustra nos den e teksto aki. Pensa riba ken Dios ta; Dios Su amor i identidat.

5. Kiko Awor?

Awor puntra bo mes "Kiko awor? Si ta asina Beibel ta bisa, kiko mi ta bai hasi diferente? Kon e Palabra ta bai moldia mi bida? Kiko tin ku kambia? Repasá bo preguntanan di 2 te 4 i skirbi kon e teksto aki por kambia bo pa krese mas serka di Kristu Hesus.

6. Orashon

Ta tempu pa hasi orashon. Pidi Dios yuda bo, skirbi un orashon.

1. E Teksto di Beibel
Nota e teksto di Beibel ku bo a lesa.

Fecha:_____

2. Un Aspekto Nobo
Skirbi algo nobo ku bo a lesa den Beibel awé. E por ta un versíkulo ku nunka bo a yega di lesa, òf un palabra ku a kapta bo atenshon

3. E Sorpresa "WOW"
Kiko a impaktá bo mas tantu awé? Kiko a impreshoná bo mas tantu? "Berdat?" mi no tabata sa!!

4. E Atributonan di Dios

Ken Dios ta bisa ku E ta? Identifiká atributonan di Dios Su karakter.
Skirbi e kualidatnan di Dios ku E ta mustra nos den e teksto aki. Pensa riba ken Dios ta; Dios Su amor i identidat.

5. Kiko Awor?

Awor puntra bo mes "Kiko awor? Si ta asina Beibel ta bisa, kiko mi ta bai hasi diferente? Kon e Palabra ta bai moldia mi bida? Kiko tin ku kambia? Repasá bo preguntanan di 2 te 4 i skirbi kon e teksto aki por kambia bo pa krese mas serka di Kristu Hesus.

6. Orashon

Ta tempu pa hasi orashon. Pidi Dios yuda bo, skirbi un orashon.

Señor su 10.000 bendishonnan ta mará den un bida di **obedensia** na E.

Luisette Kraal
www.luisettekraal.com

2 PT 1:19: AND WE HAVE *the prophetic word* more fully confirmed, to which YOU WILL DO WELL TO PAY ATTENTION TO, as to a lamp shining in a dark place, until the day dawns and the morning star rises

Orashon

E Bèrdat

Apesar ku Dios sa tur kos E ta stima bo tòg.
Dia mi a realisá ku Dios stima mi apesar di mi pikánan mahos mi boka a kai habri. Mi a realisá ku mi no por skonde mi pikánan p'E. Asina mi a yega na e konklushon ku mi no mester peka mas.
Mi no por skonde pa Dios.
Mi no ke purba mes. Ta ko'i loko.
Mi no ke biba ku e peso di remordimentu i kulpabilidat.
Dios, awe mi ta pidi Bo, yuda mi pa mi biba pa Bo.
Guia mi i mustra mi e kaminda drechi.

Luisette Kraal

1. E Teksto di Beibel
Nota e teksto di Beibel ku bo a lesa.

Fecha:_____

2. Un Aspekto Nobo
Skirbi algo nobo ku bo a lesa den Beibel awé. E por ta un versíkulo ku nunka bo a yega di lesa, òf un palabra ku a kapta bo atenshon

3. E Sorpresa "WOW"
Kiko a impaktá bo mas tantu awé? Kiko a impreshoná bo mas tantu? "Berdat?" mi no tabata sa!!

4. E Atributonan di Dios

Ken Dios ta bisa ku E ta? Identifiká atributonan di Dios Su karakter.
Skirbi e kualidatnan di Dios ku E ta mustra nos den e teksto aki. Pensa riba ken Dios ta; Dios Su amor i identidat.

5. Kiko Awor?

Awor puntra bo mes "Kiko awor? Si ta asina Beibel ta bisa, kiko mi ta bai hasi diferente? Kon e Palabra ta bai moldia mi bida? Kiko tin ku kambia? Repasá bo preguntanan di 2 te 4 i skirbi kon e teksto aki por kambia bo pa krese mas serka di Kristu Hesus.

6. Orashon

Ta tempu pa hasi orashon. Pidi Dios yuda bo, skirbi un orashon.

1. E Teksto di Beibel
Nota e teksto di Beibel ku bo a lesa.

Fecha:_____

2. Un Aspekto Nobo
Skirbi algo nobo ku bo a lesa den Beibel awé. E por ta un versíkulo ku nunka bo a yega di lesa, òf un palabra ku a kapta bo atenshon

3. E Sorpresa "WOW"
Kiko a impaktá bo mas tantu awé? Kiko a impreshoná bo mas tantu? "Berdat?" mi no tabata sa!!

4. E Atributonan di Dios

Ken Dios ta bisa ku E ta? Identifiká atributonan di Dios Su karakter. Skirbi e kualidatnan di Dios ku E ta mustra nos den e teksto aki. Pensa riba ken Dios ta; Dios Su amor i identidat.

5. Kiko Awor?

Awor puntra bo mes "Kiko awor? Si ta asina Beibel ta bisa, kiko mi ta bai hasi diferente? Kon e Palabra ta bai moldia mi bida? Kiko tin ku kambia? Repasá bo preguntanan di 2 te 4 i skirbi kon e teksto aki por kambia bo pa krese mas serka di Kristu Hesus.

6. Orashon

Ta tempu pa hasi orashon. Pidi Dios yuda bo, skirbi un orashon.

1. E Teksto di Beibel
Nota e teksto di Beibel ku bo a lesa.

Fecha:_____

2. Un Aspekto Nobo
Skirbi algo nobo ku bo a lesa den Beibel awé. E por ta un versíkulo ku nunka bo a yega di lesa, òf un palabra ku a kapta bo atenshon

3. E Sorpresa "WOW"
Kiko a impaktá bo mas tantu awé? Kiko a impreshoná bo mas tantu? "Berdat?" mi no tabata sa!!

4. E Atributonan di Dios

Ken Dios ta bisa ku E ta? Identifiká atributonan di Dios Su karakter.
Skirbi e kualidatnan di Dios ku E ta mustra nos den e teksto aki. Pensa riba ken Dios ta; Dios Su amor i identidat.

5. Kiko Awor?

Awor puntra bo mes "Kiko awor? Si ta asina Beibel ta bisa, kiko mi ta bai hasi diferente? Kon e Palabra ta bai moldia mi bida? Kiko tin ku kambia? Repasá bo preguntanan di 2 te 4 i skirbi kon e teksto aki por kambia bo pa krese mas serka di Kristu Hesus.

6. Orashon

Ta tempu pa hasi orashon. Pidi Dios yuda bo, skirbi un orashon.

1. E Teksto di Beibel
Nota e teksto di Beibel ku bo a lesa.

Fecha:_____

2. Un Aspekto Nobo
Skirbi algo nobo ku bo a lesa den Beibel awé. E por ta un versíkulo ku nunka bo a yega di lesa, òf un palabra ku a kapta bo atenshon

3. E Sorpresa "WOW"
Kiko a impaktá bo mas tantu awé? Kiko a impreshoná bo mas tantu? "Berdat?" mi no tabata sa!!

4. E Atributonan di Dios

Ken Dios ta bisa ku E ta? Identifiká atributonan di Dios Su karakter.
Skirbi e kualidatnan di Dios ku E ta mustra nos den e teksto aki. Pensa riba ken Dios ta; Dios Su amor i identidat.

5. Kiko Awor?

Awor puntra bo mes "Kiko awor? Si ta asina Beibel ta bisa, kiko mi ta bai hasi diferente? Kon e Palabra ta bai moldia mi bida? Kiko tin ku kambia? Repasá bo preguntanan di 2 te 4 i skirbi kon e teksto aki por kambia bo pa krese mas serka di Kristu Hesus.

6. Orashon

Ta tempu pa hasi orashon. Pidi Dios yuda bo, skirbi un orashon.

1. E Teksto di Beibel   Fecha:_____
   Nota e teksto di Beibel ku bo a lesa.

2. Un Aspekto Nobo
   Skirbi algo nobo ku bo a lesa den Beibel awé. E por ta un versíkulo ku nunka bo a yega di lesa, òf un palabra ku a kapta bo atenshon

3. E Sorpresa "WOW"
   Kiko a impaktá bo mas tantu awé? Kiko a impreshoná bo mas tantu? "Berdat?" mi no tabata sa!!

4. E Atributonan di Dios

Ken Dios ta bisa ku E ta? Identifiká atributonan di Dios Su karakter.
Skirbi e kualidatnan di Dios ku E ta mustra nos den e teksto aki. Pensa riba ken Dios ta; Dios Su amor i identidat.

5. Kiko Awor?

Awor puntra bo mes "Kiko awor? Si ta asina Beibel ta bisa, kiko mi ta bai hasi diferente? Kon e Palabra ta bai moldia mi bida? Kiko tin ku kambia? Repasá bo preguntanan di 2 te 4 i skirbi kon e teksto aki por kambia bo pa krese mas serka di Kristu Hesus.

6. Orashon

Ta tempu pa hasi orashon. Pidi Dios yuda bo, skirbi un orashon.

1. E Teksto di Beibel

Nota e teksto di Beibel ku bo a lesa.

Fecha:_____

2. Un Aspekto Nobo

Skirbi algo nobo ku bo a lesa den Beibel awé. E por ta un versíkulo ku nunka bo a yega di lesa, òf un palabra ku a kapta bo atenshon

3. E Sorpresa "WOW"

Kiko a impaktá bo mas tantu awé? Kiko a impreshoná bo mas tantu? "Berdat?" mi no tabata sa!!

4. E Atributonan di Dios

Ken Dios ta bisa ku E ta? Identifiká atributonan di Dios Su karakter.

Skirbi e kualidatnan di Dios ku E ta mustra nos den e teksto aki. Pensa riba ken Dios ta; Dios Su amor i identidat.

5. Kiko Awor?

Awor puntra bo mes "Kiko awor? Si ta asina Beibel ta bisa, kiko mi ta bai hasi diferente? Kon e Palabra ta bai moldia mi bida? Kiko tin ku kambia? Repasá bo preguntanan di 2 te 4 i skirbi kon e teksto aki por kambia bo pa krese mas serka di Kristu Hesus.

6. Orashon

Ta tempu pa hasi orashon. Pidi Dios yuda bo, skirbi un orashon.

1. E Teksto di Beibel
Nota e teksto di Beibel ku bo a lesa.

Fecha:_____

2. Un Aspekto Nobo
Skirbi algo nobo ku bo a lesa den Beibel awé. E por ta un versíkulo ku nunka bo a yega di lesa, òf un palabra ku a kapta bo atenshon

3. E Sorpresa "WOW"
Kiko a impaktá bo mas tantu awé? Kiko a impreshoná bo mas tantu? "Berdat?" mi no tabata sa!!

4. E Atributonan di Dios

Ken Dios ta bisa ku E ta? Identifiká atributonan di Dios Su karakter.
Skirbi e kualidatnan di Dios ku E ta mustra nos den e teksto aki. Pensa riba ken Dios ta; Dios Su amor i identidat.

5. Kiko Awor?

Awor puntra bo mes "Kiko awor? Si ta asina Beibel ta bisa, kiko mi ta bai hasi diferente? Kon e Palabra ta bai moldia mi bida? Kiko tin ku kambia? Repasá bo preguntanan di 2 te 4 i skirbi kon e teksto aki por kambia bo pa krese mas serka di Kristu Hesus.

6. Orashon

Ta tempu pa hasi orashon. Pidi Dios yuda bo, skirbi un orashon.

2 PT 1:19: AND WE HAVE *the prophetic word* more fully confirmed, to which YOU WILL DO WELL TO PAY ATTENTION TO as to a lamp shining in a dark place, until the day dawns and the morning star rises!

Orashon

Na promé lugá nos mester sa kiko ta Dios Su boluntat i despues nos mester hasi Su boluntat TUR ORA

Luisette Kraal
www.luisettekraal.com

Tur mainta ora
mi lanta mi ta keda
maraviyá ku mi por
kuminsá
ku un un página
limpi pasobra
Dios su
miserikordia
ta nobo kada dia.
Ruth Barrientos

Hesus ta mi Anker, Kende ta pone mi para fuerte sin move, meimei di olanan di prueba

Priscilla Krolis

1. E Teksto di Beibel
Nota e teksto di Beibel ku bo a lesa.

Fecha:_____

2. Un Aspekto Nobo
Skirbi algo nobo ku bo a lesa den Beibel awé. E por ta un versíkulo ku nunka bo a yega di lesa, òf un palabra ku a kapta bo atenshon

3. E Sorpresa "WOW"
Kiko a impaktá bo mas tantu awé? Kiko a impreshoná bo mas tantu? "Berdat?" mi no tabata sa!!

4. E Atributonan di Dios

Ken Dios ta bisa ku E ta? Identifiká atributonan di Dios Su karakter.
Skirbi e kualidatnan di Dios ku E ta mustra nos den e teksto aki. Pensa riba ken Dios ta; Dios Su amor i identidat.

5. Kiko Awor?

Awor puntra bo mes "Kiko awor? Si ta asina Beibel ta bisa, kiko mi ta bai hasi diferente? Kon e Palabra ta bai moldia mi bida? Kiko tin ku kambia? Repasá bo preguntanan di 2 te 4 i skirbi kon e teksto aki por kambia bo pa krese mas serka di Kristu Hesus.

6. Orashon

Ta tempu pa hasi orashon. Pidi Dios yuda bo, skirbi un orashon.

1. E Teksto di Beibel
   Nota e teksto di Beibel ku bo a lesa.

Fecha:_____

2. Un Aspekto Nobo
   Skirbi algo nobo ku bo a lesa den Beibel awé. E por ta un versíkulo ku nunka bo a yega di lesa, òf un palabra ku a kapta bo atenshon

3. E Sorpresa "WOW"
   Kiko a impaktá bo mas tantu awé? Kiko a impreshoná bo mas tantu? "Berdat?" mi no tabata sa!!

4. E Atributonan di Dios

Ken Dios ta bisa ku E ta? Identifiká atributonan di Dios Su karakter.
Skirbi e kualidatnan di Dios ku E ta mustra nos den e teksto aki. Pensa riba ken Dios ta; Dios Su amor i identidat.

5. Kiko Awor?

Awor puntra bo mes "Kiko awor? Si ta asina Beibel ta bisa, kiko mi ta bai hasi diferente? Kon e Palabra ta bai moldia mi bida? Kiko tin ku kambia? Repasá bo preguntanan di 2 te 4 i skirbi kon e teksto aki por kambia bo pa krese mas serka di Kristu Hesus.

6. Orashon

Ta tempu pa hasi orashon. Pidi Dios yuda bo, skirbi un orashon.

1. E Teksto di Beibel
Nota e teksto di Beibel ku bo a lesa.

Fecha:_____

2. Un Aspekto Nobo
Skirbi algo nobo ku bo a lesa den Beibel awé. E por ta un versíkulo ku nunka bo a yega di lesa, òf un palabra ku a kapta bo atenshon

3. E Sorpresa "WOW"
Kiko a impaktá bo mas tantu awé? Kiko a impreshoná bo mas tantu? "Berdat?" mi no tabata sa!!

4. E Atributonan di Dios

Ken Dios ta bisa ku E ta? Identifiká atributonan di Dios Su karakter.
Skirbi e kualidatnan di Dios ku E ta mustra nos den e teksto aki. Pensa riba ken Dios ta; Dios Su amor i identidat.

5. Kiko Awor?

Awor puntra bo mes "Kiko awor? Si ta asina Beibel ta bisa, kiko mi ta bai hasi diferente? Kon e Palabra ta bai moldia mi bida? Kiko tin ku kambia? Repasá bo preguntanan di 2 te 4 i skirbi kon e teksto aki por kambia bo pa krese mas serka di Kristu Hesus.

6. Orashon

Ta tempu pa hasi orashon. Pidi Dios yuda bo, skirbi un orashon.

Fecha:_____

1. E Teksto di Beibel
Nota e teksto di Beibel ku bo a lesa.

2. Un Aspekto Nobo
Skirbi algo nobo ku bo a lesa den Beibel awé. E por ta un versíkulo ku nunka bo a yega di lesa, òf un palabra ku a kapta bo atenshon

3. E Sorpresa "WOW"
Kiko a impaktá bo mas tantu awé? Kiko a impreshoná bo mas tantu? "Berdat?" mi no tabata sa!!

4. E Atributonan di Dios

Ken Dios ta bisa ku E ta? Identifiká atributonan di Dios Su karakter.

Skirbi e kualidatnan di Dios ku E ta mustra nos den e teksto aki. Pensa riba ken Dios ta; Dios Su amor i identidat.

5. Kiko Awor?

Awor puntra bo mes "Kiko awor? Si ta asina Beibel ta bisa, kiko mi ta bai hasi diferente? Kon e Palabra ta bai moldia mi bida? Kiko tin ku kambia? Repasá bo preguntanan di 2 te 4 i skirbi kon e teksto aki por kambiá bo pa krese mas serka di Kristu Hesus.

6. Orashon

Ta tempu pa hasi orashon. Pidi Dios yuda bo, skirbi un orashon.

Fecha:_____

1. E Teksto di Beibel
Nota e teksto di Beibel ku bo a lesa.

2. Un Aspekto Nobo
Skirbi algo nobo ku bo a lesa den Beibel awé. E por ta un versíkulo ku nunka bo a yega di lesa, òf un palabra ku a kapta bo atenshon

3. E Sorpresa "WOW"
Kiko a impaktá bo mas tantu awé? Kiko a impreshoná bo mas tantu? "Berdat?" mi no tabata sa!!

4. E Atributonan di Dios

Ken Dios ta bisa ku E ta? Identifiká atributonan di Dios Su karakter.
Skirbi e kualidatnan di Dios ku E ta mustra nos den e teksto aki. Pensa riba ken Dios ta; Dios Su amor i identidat.

5. Kiko Awor?

Awor puntra bo mes "Kiko awor? Si ta asina Beibel ta bisa, kiko mi ta bai hasi diferente? Kon e Palabra ta bai moldia mi bida? Kiko tin ku kambia? Repasá bo preguntanan di 2 te 4 i skirbi kon e teksto aki por kambia bo pa krese mas serka di Kristu Hesus.

6. Orashon

Ta tempu pa hasi orashon. Pidi Dios yuda bo, skirbi un orashon.

1. E Teksto di Beibel

Fecha:_____

Nota e teksto di Beibel ku bo a lesa.

2. Un Aspekto Nobo

Skirbi algo nobo ku bo a lesa den Beibel awé. E por ta un versíkulo ku nunka bo a yega di lesa, òf un palabra ku a kapta bo atenshon

3. E Sorpresa "WOW"

Kiko a impaktá bo mas tantu awé? Kiko a impreshoná bo mas tantu? "Berdat?" mi no tabata sa!!

4. E Atributonan di Dios

Ken Dios ta bisa ku E ta? Identifiká atributonan di Dios Su karakter.
Skirbi e kualidatnan di Dios ku E ta mustra nos den e teksto aki. Pensa riba ken Dios ta; Dios Su amor i identidat.

5. Kiko Awor?

Awor puntra bo mes "Kiko awor? Si ta asina Beibel ta bisa, kiko mi ta bai hasi diferente? Kon e Palabra ta bai moldia mi bida? Kiko tin ku kambia? Repasá bo preguntanan di 2 te 4 i skirbi kon e teksto aki por kambia bo pa krese mas serka di Kristu Hesus.

6. Orashon

Ta tempu pa hasi orashon. Pidi Dios yuda bo, skirbi un orashon.

1. E Teksto di Beibel

Fecha:_____

Nota e teksto di Beibel ku bo a lesa.

2. Un Aspekto Nobo

Skirbi algo nobo ku bo a lesa den Beibel awé. E por ta un versíkulo ku nunka bo a yega di lesa, òf un palabra ku a kapta bo atenshon

3. E Sorpresa "WOW"

Kiko a impaktá bo mas tantu awé? Kiko a impreshoná bo mas tantu? "Berdat?" mi no tabata sa!!

4. E Atributonan di Dios

Ken Dios ta bisa ku E ta? Identifiká atributonan di Dios Su karakter.

Skirbi e kualidatnan di Dios ku E ta mustra nos den e teksto aki. Pensa riba ken Dios ta; Dios Su amor i identidat.

5. Kiko Awor?

Awor puntra bo mes "Kiko awor? Si ta asina Beibel ta bisa, kiko mi ta bai hasi diferente? Kon e Palabra ta bai moldia mi bida? Kiko tin ku kambia? Repasá bo preguntanan di 2 te 4 i skirbi kon e teksto aki por kambia bo pa krese mas serka di Kristu Hesus.

6. Orashon

Ta tempu pa hasi orashon. Pidi Dios yuda bo, skirbi un orashon.

2 PT 1:19 AND WE HAVE *the prophetic word* more fully confirmed, to which YOU WILL DO WELL TO PAY ATTENTION TO as to a lamp shining in a dark place, until the day dawns and the morning star rises!

Orashon

Mira tur problema i situashonnan di bida ku un bril Bíbliko.

Ta Beibel so por guia nos, pa nos sa kiko ta bon i kiko ta malu.

Bisti bo bril.

www.luisettekraal.com

1. E Teksto di Beibel
Nota e teksto di Beibel ku bo a lesa.

Fecha:_____

2. Un Aspekto Nobo
Skirbi algo nobo ku bo a lesa den Beibel awé. E por ta un versíkulo ku nunka bo a yega di lesa, òf un palabra ku a kapta bo atenshon

3. E Sorpresa "WOW"
Kiko a impaktá bo mas tantu awé? Kiko a impreshoná bo mas tantu? "Berdat?" mi no tabata sa!!

4. E Atributonan di Dios

Ken Dios ta bisa ku E ta? Identifiká atributonan di Dios Su karakter.
Skirbi e kualidatnan di Dios ku E ta mustra nos den e teksto aki. Pensa riba ken Dios ta; Dios Su amor i identidat.

5. Kiko Awor?

Awor puntra bo mes "Kiko awor? Si ta asina Beibel ta bisa, kiko mi ta bai hasi diferente? Kon e Palabra ta bai moldia mi bida? Kiko tin ku kambia? Repasá bo preguntanan di 2 te 4 i skirbi kon e teksto aki por kambia bo pa krese mas serka di Kristu Hesus.

6. Orashon

Ta tempu pa hasi orashon. Pidi Dios yuda bo, skirbi un orashon.

1. E Teksto di Beibel
Nota e teksto di Beibel ku bo a lesa.

Fecha:_____

2. Un Aspekto Nobo
Skirbi algo nobo ku bo a lesa den Beibel awé. E por ta un versíkulo ku nunka bo a yega di lesa, òf un palabra ku a kapta bo atenshon

3. E Sorpresa "WOW"
Kiko a impaktá bo mas tantu awé? Kiko a impreshoná bo mas tantu? "Berdat?" mi no tabata sa!!

4. E Atributonan di Dios

Ken Dios ta bisa ku E ta? Identifiká atributonan di Dios Su karakter.
Skirbi e kualidatnan di Dios ku E ta mustra nos den e teksto aki. Pensa riba ken Dios ta; Dios Su amor i identidat.

5. Kiko Awor?

Awor puntra bo mes "Kiko awor? Si ta asina Beibel ta bisa, kiko mi ta bai hasi diferente? Kon e Palabra ta bai moldia mi bida? Kiko tin ku kambia? Repasá bo preguntanan di 2 te 4 i skirbi kon e teksto aki por kambia bo pa krese mas serka di Kristu Hesus.

6. Orashon

Ta tempu pa hasi orashon. Pidi Dios yuda bo, skirbi un orashon.

1. E Teksto di Beibel
Nota e teksto di Beibel ku bo a lesa.

Fecha:_____

2. Un Aspekto Nobo
Skirbi algo nobo ku bo a lesa den Beibel awé. E por ta un versíkulo ku nunka bo a yega di lesa, òf un palabra ku a kapta bo atenshon

3. E Sorpresa "WOW"
Kiko a impaktá bo mas tantu awé? Kiko a impreshoná bo mas tantu? "Berdat?" mi no tabata sa!!

4. E Atributonan di Dios

Ken Dios ta bisa ku E ta? Identifiká atributonan di Dios Su karakter.
Skirbi e kualidatnan di Dios ku E ta mustra nos den e teksto aki. Pensa riba ken Dios ta; Dios Su amor i identidat.

5. Kiko Awor?

Awor puntra bo mes "Kiko awor? Si ta asina Beibel ta bisa, kiko mi ta bai hasi diferente? Kon e Palabra ta bai moldia mi bida? Kiko tin ku kambia? Repasá bo preguntanan di 2 te 4 i skirbi kon e teksto aki por kambia bo pa krese mas serka di Kristu Hesus.

6. Orashon

Ta tempu pa hasi orashon. Pidi Dios yuda bo, skirbi un orashon.

1. E Teksto di Beibel
Nota e teksto di Beibel ku bo a lesa.

Fecha:_____

2. Un Aspekto Nobo
Skirbi algo nobo ku bo a lesa den Beibel awé. E por ta un versíkulo ku nunka bo a yega di lesa, òf un palabra ku a kapta bo atenshon

3. E Sorpresa "WOW"
Kiko a impaktá bo mas tantu awé? Kiko a impreshoná bo mas tantu? "Berdat?" mi no tabata sa!!

4. E Atributonan di Dios

Ken Dios ta bisa ku E ta? Identifiká atributonan di Dios Su karakter.
Skirbi e kualidatnan di Dios ku E ta mustra nos den e teksto aki. Pensa riba ken Dios ta; Dios Su amor i identidat.

5. Kiko Awor?

Awor puntra bo mes "Kiko awor? Si ta asina Beibel ta bisa, kiko mi ta bai hasi diferente? Kon e Palabra ta bai moldia mi bida? Kiko tin ku kambia? Repasá bo preguntanan di 2 te 4 i skirbi kon e teksto aki por kambia bo pa krese mas serka di Kristu Hesus.

6. Orashon

Ta tempu pa hasi orashon. Pidi Dios yuda bo, skirbi un orashon.

1. E Teksto di Beibel
   Nota e teksto di Beibel ku bo a lesa.

Fecha:_____

2. Un Aspekto Nobo
   Skirbi algo nobo ku bo a lesa den Beibel awé. E por ta un versíkulo ku nunka bo a yega di lesa, òf un palabra ku a kapta bo atenshon

3. E Sorpresa "WOW"
   Kiko a impaktá bo mas tantu awé? Kiko a impreshoná bo mas tantu? "Berdat?" mi no tabata sa!!

4. E Atributonan di Dios

Ken Dios ta bisa ku E ta? Identifiká atributonan di Dios Su karakter.
Skirbi e kualidatnan di Dios ku E ta mustra nos den e teksto aki. Pensa riba ken Dios ta; Dios Su amor i identidat.

5. Kiko Awor?

Awor puntra bo mes "Kiko awor? Si ta asina Beibel ta bisa, kiko mi ta bai hasi diferente? Kon e Palabra ta bai moldia mi bida? Kiko tin ku kambia? Repasá bo preguntanan di 2 te 4 i skirbi kon e teksto aki por kambia bo pa krese mas serka di Kristu Hesus.

6. Orashon

Ta tempu pa hasi orashon. Pidi Dios yuda bo, skirbi un orashon.

1. E Teksto di Beibel
Nota e teksto di Beibel ku bo a lesa.

Fecha:_____

2. Un Aspekto Nobo
Skirbi algo nobo ku bo a lesa den Beibel awé. E por ta un versíkulo ku nunka bo a yega di lesa, òf un palabra ku a kapta bo atenshon

3. E Sorpresa "WOW"
Kiko a impaktá bo mas tantu awé? Kiko a impreshoná bo mas tantu? "Berdat?" mi no tabata sa!!

4. E Atributonan di Dios

Ken Dios ta bisa ku E ta? Identifiká atributonan di Dios Su karakter.
Skirbi e kualidatnan di Dios ku E ta mustra nos den e teksto aki. Pensa riba ken Dios ta; Dios Su amor i identidat.

5. Kiko Awor?

Awor puntra bo mes "Kiko awor? Si ta asina Beibel ta bisa, kiko mi ta bai hasi diferente? Kon e Palabra ta bai moldia mi bida? Kiko tin ku kambia? Repasá bo preguntanan di 2 te 4 i skirbi kon e teksto aki por kambia bo pa krese mas serka di Kristu Hesus.

6. Orashon

Ta tempu pa hasi orashon. Pidi Dios yuda bo, skirbi un orashon.

1. E Teksto di Beibel
Nota e teksto di Beibel ku bo a lesa.

Fecha:_____

2. Un Aspekto Nobo
Skirbi algo nobo ku bo a lesa den Beibel awé. E por ta un versíkulo ku nunka bo a yega di lesa, òf un palabra ku a kapta bo atenshon

3. E Sorpresa "WOW"
Kiko a impaktá bo mas tantu awé? Kiko a impreshoná bo mas tantu? "Berdat?" mi no tabata sa!!

4. E Atributonan di Dios

Ken Dios ta bisa ku E ta? Identifiká atributonan di Dios Su karakter.
Skirbi e kualidatnan di Dios ku E ta mustra nos den e teksto aki. Pensa riba ken Dios ta; Dios Su amor i identidat.

5. Kiko Awor?

Awor puntra bo mes "Kiko awor? Si ta asina Beibel ta bisa, kiko mi ta bai hasi diferente? Kon e Palabra ta bai moldia mi bida? Kiko tin ku kambia? Repasá bo preguntanan di 2 te 4 i skirbi kon e teksto aki por kambia bo pa krese mas serka di Kristu Hesus.

6. Orashon

Ta tempu pa hasi orashon. Pidi Dios yuda bo, skirbi un orashon.

2 P 1:19: "AND WE HAVE *the prophetic word* more fully confirmed, to which YOU WILL DO WELL TO PAY ATTENTION to, as to a lamp shining in a dark place, until the day dawns and the morning star rises!"

Orashon

Amor

Hesus a bisa su enemigunan ku E ta stima nan riba e anochi ku e tabata sa ku nan lo bai traision'é òf bandon'é. Mi ta meditá riba e tipo di amor akí, anto mi tin difikultat pa komprondé, pero mi ta gosa di dje si. Ku un persona manera Hesus ta stima mi inkondishonalmente, semper, tur ora, apesar di tur kos. Ta Dios so por.

Luisette Kraal

Bo tabata sa ku:

1. E Beibel kompletu ta partí den dos parti. Tèstamènt Bieu ku 39 buki I Tèstamènt Nobo ku 27 buki.
2. 40 diferente outor a skibi e Beibel.
3. E versíkulo di mas kòrtiku di Beibel ta Huan 11:35 "Hesus a yora."
4. E versíkulo di mas largu ta den e buki di Ester 8:9
5. E palabra Beibel ta bin di Latin "Biblia" I di Griego "Biblos". Tur dos ta nifiká buki.
6. E palabra Tèstamènt ta nifiká kontrato òf "covenant".
7. Beibel ta skibí den tres idioma original. Tèstamènt Bieu na Hebreo, Tèstamènt nobo na Griego. I tin algun partinan chikí skibí na Arameo.
8. A skibi E Beibel riba tres diferente kontinente.- Asia, Afrika, i Oropa.
9. Ta tuma un persona 70 ora pa lesa henter e Beibel.
10. E promé Beibel a ser tradusí na Ingles pa John Wycliffe na aña 1382 A.D.
11. Awor tin Beibel den 670 idioma rònt mundu. E Tèstamènt Nobo so ta optenibel na 1,521 idioma (www.wycliffe.org.uk)
12. Tur Aña di nobo Beibel ta e BESTSELLER mundial. Ta bende mas Beibel ku kualke otro buki.

E holó i e koló di mainta ta laga mi atmirá Dios Su grandesa.

Igraima Zimmerman

1. E Teksto di Beibel
Nota e teksto di Beibel ku bo a lesa.

Fecha:_____

2. Un Aspekto Nobo
Skirbi algo nobo ku bo a lesa den Beibel awé. E por ta un versíkulo ku nunka bo a yega di lesa, òf un palabra ku a kapta bo atenshon

3. E Sorpresa "WOW"
Kiko a impaktá bo mas tantu awé? Kiko a impreshoná bo mas tantu? "Berdat?" mi no tabata sa!!

4. E Atributonan di Dios

Ken Dios ta bisa ku E ta? Identifiká atributonan di Dios Su karakter.
Skirbi e kualidatnan di Dios ku E ta mustra nos den e teksto aki. Pensa riba ken Dios ta; Dios Su amor i identidat.

5. Kiko Awor?

Awor puntra bo mes "Kiko awor? Si ta asina Beibel ta bisa, kiko mi ta bai hasi diferente? Kon e Palabra ta bai moldia mi bida? Kiko tin ku kambia? Repasá bo preguntanan di 2 te 4 i skirbi kon e teksto aki por kambia bo pa krese mas serka di Kristu Hesus.

6. Orashon

Ta tempu pa hasi orashon. Pidi Dios yuda bo, skirbi un orashon.

1. E Teksto di Beibel
Nota e teksto di Beibel ku bo a lesa.

Fecha:_____

2. Un Aspekto Nobo
Skirbi algo nobo ku bo a lesa den Beibel awé. E por ta un versíkulo ku nunka bo a yega di lesa, òf un palabra ku a kapta bo atenshon

3. E Sorpresa "WOW"
Kiko a impaktá bo mas tantu awé? Kiko a impreshoná bo mas tantu? "Berdat?" mi no tabata sa!!

4. E Atributonan di Dios

Ken Dios ta bisa ku E ta? Identifiká atributonan di Dios Su karakter.
Skirbi e kualidatnan di Dios ku E ta mustra nos den e teksto aki. Pensa riba ken Dios ta; Dios Su amor i identidat.

5. Kiko Awor?

Awor puntra bo mes "Kiko awor? Si ta asina Beibel ta bisa, kiko mi ta bai hasi diferente? Kon e Palabra ta bai moldia mi bida? Kiko tin ku kambia? Repasá bo preguntanan di 2 te 4 i skirbi kon e teksto aki por kambia bo pa krese mas serka di Kristu Hesus.

6. Orashon

Ta tempu pa hasi orashon. Pidi Dios yuda bo, skirbi un orashon.

1. E Teksto di Beibel
Nota e teksto di Beibel ku bo a lesa.

Fecha:_____

2. Un Aspekto Nobo
Skirbi algo nobo ku bo a lesa den Beibel awé. E por ta un versíkulo ku nunka bo a yega di lesa, òf un palabra ku a kapta bo atenshon

3. E Sorpresa "WOW"
Kiko a impaktá bo mas tantu awé? Kiko a impreshoná bo mas tantu? "Berdat?" mi no tabata sa!!

4. E Atributonan di Dios

Ken Dios ta bisa ku E ta? Identifiká atributonan di Dios Su karakter.
Skirbi e kualidatnan di Dios ku E ta mustra nos den e teksto aki. Pensa riba ken Dios ta; Dios Su amor i identidat.

5. Kiko Awor?

Awor puntra bo mes "Kiko awor? Si ta asina Beibel ta bisa, kiko mi ta bai hasi diferente? Kon e Palabra ta bai moldia mi bida? Kiko tin ku kambia? Repasá bo preguntanan di 2 te 4 i skirbi kon e teksto aki por kambia bo pa krese mas serka di Kristu Hesus.

6. Orashon

Ta tempu pa hasi orashon. Pidi Dios yuda bo, skirbi un orashon.

1. E Teksto di Beibel

Fecha:_____

Nota e teksto di Beibel ku bo a lesa.

2. Un Aspekto Nobo

Skirbi algo nobo ku bo a lesa den Beibel awé. E por ta un versíkulo ku nunka bo a yega di lesa, òf un palabra ku a kapta bo atenshon

3. E Sorpresa "WOW"

Kiko a impaktá bo mas tantu awé? Kiko a impreshoná bo mas tantu? "Berdat?" mi no tabata sa!!

4. E Atributonan di Dios

Ken Dios ta bisa ku E ta? Identifiká atributonan di Dios Su karakter.
Skirbi e kualidatnan di Dios ku E ta mustra nos den e teksto aki. Pensa riba ken Dios ta; Dios Su amor i identidat.

5. Kiko Awor?

Awor puntra bo mes "Kiko awor? Si ta asina Beibel ta bisa, kiko mi ta bai hasi diferente? Kon e Palabra ta bai moldia mi bida? Kiko tin ku kambia? Repasá bo preguntanan di 2 te 4 i skirbi kon e teksto aki por kambia bo pa krese mas serka di Kristu Hesus.

6. Orashon

Ta tempu pa hasi orashon. Pidi Dios yuda bo, skirbi un orashon.

1. E Teksto di Beibel

Fecha:_____

Nota e teksto di Beibel ku bo a lesa.

2. Un Aspekto Nobo

Skirbi algo nobo ku bo a lesa den Beibel awé. E por ta un versíkulo ku nunka bo a yega di lesa, òf un palabra ku a kapta bo atenshon

3. E Sorpresa "WOW"

Kiko a impaktá bo mas tantu awé? Kiko a impreshoná bo mas tantu? "Berdat?" mi no tabata sa!!

4. E Atributonan di Dios

Ken Dios ta bisa ku E ta? Identifiká atributonan di Dios Su karakter.

Skirbi e kualidatnan di Dios ku E ta mustra nos den e teksto aki. Pensa riba ken Dios ta; Dios Su amor i identidat.

5. Kiko Awor?

Awor puntra bo mes "Kiko awor? Si ta asina Beibel ta bisa, kiko mi ta bai hasi diferente? Kon e Palabra ta bai moldia mi bida? Kiko tin ku kambia? Repasá bo preguntanan di 2 te 4 i skirbi kon e teksto aki por kambia bo pa krese mas serka di Kristu Hesus.

6. Orashon

Ta tempu pa hasi orashon. Pidi Dios yuda bo, skirbi un orashon.

Fecha:_____

1. E Teksto di Beibel
Nota e teksto di Beibel ku bo a lesa.

2. Un Aspekto Nobo
Skirbi algo nobo ku bo a lesa den Beibel awé. E por ta un versíkulo ku nunka bo a yega di lesa, òf un palabra ku a kapta bo atenshon

3. E Sorpresa "WOW"
Kiko a impaktá bo mas tantu awé? Kiko a impreshoná bo mas tantu? "Berdat?" mi no tabata sa!!

4. E Atributonan di Dios

Ken Dios ta bisa ku E ta? Identifiká atributonan di Dios Su karakter. Skirbi e kualidatnan di Dios ku E ta mustra nos den e teksto aki. Pensa riba ken Dios ta; Dios Su amor i identidat.

5. Kiko Awor?

Awor puntra bo mes "Kiko awor? Si ta asina Beibel ta bisa, kiko mi ta bai hasi diferente? Kon e Palabra ta bai moldia mi bida? Kiko tin ku kambia? Repasá bo preguntanan di 2 te 4 i skirbi kon e teksto aki por kambia bo pa krese mas serka di Kristu Hesus.

6. Orashon

Ta tempu pa hasi orashon. Pidi Dios yuda bo, skirbi un orashon.

1. E Teksto di Beibel
Nota e teksto di Beibel ku bo a lesa.

Fecha:_____

2. Un Aspekto Nobo
Skirbi algo nobo ku bo a lesa den Beibel awé. E por ta un versíkulo ku nunka bo a yega di lesa, òf un palabra ku a kapta bo atenshon

3. E Sorpresa "WOW"
Kiko a impaktá bo mas tantu awé? Kiko a impreshoná bo mas tantu? "Berdat?" mi no tabata sa!!

4. E Atributonan di Dios

Ken Dios ta bisa ku E ta? Identifiká atributonan di Dios Su karakter.
Skirbi e kualidatnan di Dios ku E ta mustra nos den e teksto aki. Pensa riba ken Dios ta; Dios Su amor i identidat.

5. Kiko Awor?

Awor puntra bo mes "Kiko awor? Si ta asina Beibel ta bisa, kiko mi ta bai hasi diferente? Kon e Palabra ta bai moldia mi bida? Kiko tin ku kambia? Repasá bo preguntanan di 2 te 4 i skirbi kon e teksto aki por kambia bo pa krese mas serka di Kristu Hesus.

6. Orashon

Ta tempu pa hasi orashon. Pidi Dios yuda bo, skirbi un orashon.

2 PT 1:19: AND WE HAVE *the prophetic word* more fully confirmed, to which YOU WILL DO WELL TO PAY ATTENTION as to a lamp shining in a dark place, until the day dawns and the morning star rises!

Orashon

Abo por bisa meskos ku Josue, "Ami i mi kas lo sirbi Señor?"

Josue 24:15

www.luisettekraal.com

> Orashon no ta un ehersisio, orashon ta nos rosea pa bida.
>
> — Igraima Zimmerman

Dios

ta muchu mas grandi ku nos mente por kompronde i su **amor** muchu mas **profundo** ku nos kurason por kontene.

Yovanka Fenny Molina

1. E Teksto di Beibel
Nota e teksto di Beibel ku bo a lesa.

Fecha:_____

2. Un Aspekto Nobo
Skirbi algo nobo ku bo a lesa den Beibel awé. E por ta un versíkulo ku nunka bo a yega di lesa, òf un palabra ku a kapta bo atenshon

3. E Sorpresa "WOW"
Kiko a impaktá bo mas tantu awé? Kiko a impreshoná bo mas tantu? "Berdat?" mi no tabata sa!!

4. E Atributonan di Dios

Ken Dios ta bisa ku E ta? Identifiká atributonan di Dios Su karakter.
Skirbi e kualidatnan di Dios ku E ta mustra nos den e teksto aki. Pensa riba ken Dios ta; Dios Su amor i identidat.

5. Kiko Awor?

Awor puntra bo mes "Kiko awor? Si ta asina Beibel ta bisa, kiko mi ta bai hasi diferente? Kon e Palabra ta bai moldia mi bida? Kiko tin ku kambia? Repasá bo preguntanan di 2 te 4 i skirbi kon e teksto aki por kambia bo pa krese mas serka di Kristu Hesus.

6. Orashon

Ta tempu pa hasi orashon. Pidi Dios yuda bo, skirbi un orashon.

1. E Teksto di Beibel
Nota e teksto di Beibel ku bo a lesa.

Fecha:_____

2. Un Aspekto Nobo
Skirbi algo nobo ku bo a lesa den Beibel awé. E por ta un versíkulo ku nunka bo a yega di lesa, òf un palabra ku a kapta bo atenshon

3. E Sorpresa "WOW"
Kiko a impaktá bo mas tantu awé? Kiko a impreshoná bo mas tantu? "Berdat?" mi no tabata sa!!

4. E Atributonan di Dios

Ken Dios ta bisa ku E ta? Identifiká atributonan di Dios Su karakter. Skirbi e kualidatnan di Dios ku E ta mustra nos den e teksto aki. Pensa riba ken Dios ta; Dios Su amor i identidat.

5. Kiko Awor?

Awor puntra bo mes "Kiko awor? Si ta asina Beibel ta bisa, kiko mi ta bai hasi diferente? Kon e Palabra ta bai moldia mi bida? Kiko tin ku kambia? Repasá bo preguntanan di 2 te 4 i skirbi kon e teksto aki por kambia bo pa krese mas serka di Kristu Hesus.

6. Orashon

Ta tempu pa hasi orashon. Pidi Dios yuda bo, skirbi un orashon.

1. E Teksto di Beibel   Fecha:_____

    Nota e teksto di Beibel ku bo a lesa.

2. Un Aspekto Nobo

    Skirbi algo nobo ku bo a lesa den Beibel awé. E por ta un versíkulo ku nunka bo a yega di lesa, òf un palabra ku a kapta bo atenshon

3. E Sorpresa "WOW"

    Kiko a impaktá bo mas tantu awé? Kiko a impreshoná bo mas tantu? "Berdat?" mi no tabata sa!!

4. E Atributonan di Dios

Ken Dios ta bisa ku E ta? Identifiká atributonan di Dios Su karakter.
Skirbi e kualidatnan di Dios ku E ta mustra nos den e teksto aki. Pensa riba ken Dios ta; Dios Su amor i identidat.

5. Kiko Awor?

Awor puntra bo mes "Kiko awor? Si ta asina Beibel ta bisa, kiko mi ta bai hasi diferente? Kon e Palabra ta bai moldia mi bida? Kiko tin ku kambia? Repasá bo preguntanan di 2 te 4 i skirbi kon e teksto aki por kambia bo pa krese mas serka di Kristu Hesus.

6. Orashon

Ta tempu pa hasi orashon. Pidi Dios yuda bo, skirbi un orashon.

1. E Teksto di Beibel   Fecha:_____
    Nota e teksto di Beibel ku bo a lesa.

2. Un Aspekto Nobo
    Skirbi algo nobo ku bo a lesa den Beibel awé. E por ta un versíkulo ku nunka bo a yega di lesa, òf un palabra ku a kapta bo atenshon

3. E Sorpresa "WOW"
    Kiko a impaktá bo mas tantu awé? Kiko a impreshoná bo mas tantu? "Berdat?" mi no tabata sa!!

4. E Atributonan di Dios

Ken Dios ta bisa ku E ta? Identifiká atributonan di Dios Su karakter.
Skirbi e kualidatnan di Dios ku E ta mustra nos den e teksto aki. Pensa riba ken Dios ta; Dios Su amor i identidat.

5. Kiko Awor?

Awor puntra bo mes "Kiko awor? Si ta asina Beibel ta bisa, kiko mi ta bai hasi diferente? Kon e Palabra ta bai moldia mi bida? Kiko tin ku kambia? Repasá bo preguntanan di 2 te 4 i skirbi kon e teksto aki por kambia bo pa krese mas serka di Kristu Hesus.

6. Orashon

Ta tempu pa hasi orashon. Pidi Dios yuda bo, skirbi un orashon.

1. E Teksto di Beibel
   Nota e teksto di Beibel ku bo a lesa.

Fecha:_____

2. Un Aspekto Nobo
   Skirbi algo nobo ku bo a lesa den Beibel awé. E por ta un versíkulo ku nunka bo a yega di lesa, òf un palabra ku a kapta bo atenshon

3. E Sorpresa "WOW"
   Kiko a impaktá bo mas tantu awé? Kiko a impreshoná bo mas tantu? "Berdat?" mi no tabata sa!!

4. E Atributonan di Dios

Ken Dios ta bisa ku E ta? Identifiká atributonan di Dios Su karakter.
Skirbi e kualidatnan di Dios ku E ta mustra nos den e teksto aki. Pensa riba ken Dios ta; Dios Su amor i identidat.

5. Kiko Awor?

Awor puntra bo mes "Kiko awor? Si ta asina Beibel ta bisa, kiko mi ta bai hasi diferente? Kon e Palabra ta bai moldia mi bida? Kiko tin ku kambia? Repasá bo preguntanan di 2 te 4 i skirbi kon e teksto aki por kambia bo pa krese mas serka di Kristu Hesus.

6. Orashon

Ta tempu pa hasi orashon. Pidi Dios yuda bo, skirbi un orashon.

1. E Teksto di Beibel
Nota e teksto di Beibel ku bo a lesa.

Fecha:_____

2. Un Aspekto Nobo
Skirbi algo nobo ku bo a lesa den Beibel awé. E por ta un versíkulo ku nunka bo a yega di lesa, òf un palabra ku a kapta bo atenshon

3. E Sorpresa "WOW"
Kiko a impaktá bo mas tantu awé? Kiko a impreshoná bo mas tantu? "Berdat?" mi no tabata sa!!

4. E Atributonan di Dios

Ken Dios ta bisa ku E ta? Identifiká atributonan di Dios Su karakter.

Skirbi e kualidatnan di Dios ku E ta mustra nos den e teksto aki. Pensa riba ken Dios ta; Dios Su amor i identidat.

5. Kiko Awor?

Awor puntra bo mes "Kiko awor? Si ta asina Beibel ta bisa, kiko mi ta bai hasi diferente? Kon e Palabra ta bai moldia mi bida? Kiko tin ku kambia? Repasá bo preguntanan di 2 te 4 i skirbi kon e teksto aki por kambia bo pa krese mas serka di Kristu Hesus.

6. Orashon

Ta tempu pa hasi orashon. Pidi Dios yuda bo, skirbi un orashon.

1. E Teksto di Beibel
Nota e teksto di Beibel ku bo a lesa.

Fecha:_____

2. Un Aspekto Nobo
Skirbi algo nobo ku bo a lesa den Beibel awé. E por ta un versíkulo ku nunka bo a yega di lesa, òf un palabra ku a kapta bo atenshon

3. E Sorpresa "WOW"
Kiko a impaktá bo mas tantu awé? Kiko a impreshoná bo mas tantu? "Berdat?" mi no tabata sa!!

4. E Atributonan di Dios

Ken Dios ta bisa ku E ta? Identifiká atributonan di Dios Su karakter.
Skirbi e kualidatnan di Dios ku E ta mustra nos den e teksto aki. Pensa riba ken Dios ta; Dios Su amor i identidat.

5. Kiko Awor?

Awor puntra bo mes "Kiko awor? Si ta asina Beibel ta bisa, kiko mi ta bai hasi diferente? Kon e Palabra ta bai moldia mi bida? Kiko tin ku kambia? Repasá bo preguntanan di 2 te 4 i skirbi kon e teksto aki por kambia bo pa krese mas serka di Kristu Hesus.

6. Orashon

Ta tempu pa hasi orashon. Pidi Dios yuda bo, skirbi un orashon.

2 PT 1:19 "AND WE HAVE *the prophetic word* more fully confirmed, to which YOU WILL DO WELL TO PAY ATTENTION TO as to a lamp shining in a dark place, until the day dawns and the morning star rises"

Orashon

> E sabiduria di Dios ta infinitamente mas haltu ku e sabiduria humano.

Itala Leander

1. E Teksto di Beibel   Fecha:_____

    Nota e teksto di Beibel ku bo a lesa.

2. Un Aspekto Nobo

    Skirbi algo nobo ku bo a lesa den Beibel awé. E por ta un versíkulo ku nunka bo a yega di lesa, òf un palabra ku a kapta bo atenshon

3. E Sorpresa "WOW"

    Kiko a impaktá bo mas tantu awé? Kiko a impreshoná bo mas tantu? "Berdat?" mi no tabata sa!!

4. E Atributonan di Dios

Ken Dios ta bisa ku E ta? Identifiká atributonan di Dios Su karakter.

Skirbi e kualidatnan di Dios ku E ta mustra nos den e teksto aki. Pensa riba ken Dios ta; Dios Su amor i identidat.

5. Kiko Awor?

Awor puntra bo mes "Kiko awor? Si ta asina Beibel ta bisa, kiko mi ta bai hasi diferente? Kon e Palabra ta bai moldia mi bida? Kiko tin ku kambia? Repasá bo preguntanan di 2 te 4 i skirbi kon e teksto aki por kambia bo pa krese mas serka di Kristu Hesus.

6. Orashon

Ta tempu pa hasi orashon. Pidi Dios yuda bo, skirbi un orashon.

1. E Teksto di Beibel
Nota e teksto di Beibel ku bo a lesa.

Fecha:_____

2. Un Aspekto Nobo
Skirbi algo nobo ku bo a lesa den Beibel awé. E por ta un versíkulo ku nunka bo a yega di lesa, òf un palabra ku a kapta bo atenshon

3. E Sorpresa "WOW"
Kiko a impaktá bo mas tantu awé? Kiko a impreshoná bo mas tantu? "Berdat?" mi no tabata sa!!

4. E Atributonan di Dios

Ken Dios ta bisa ku E ta? Identifiká atributonan di Dios Su karakter.
Skirbi e kualidatnan di Dios ku E ta mustra nos den e teksto aki. Pensa riba ken Dios ta; Dios Su amor i identidat.

5. Kiko Awor?

Awor puntra bo mes "Kiko awor? Si ta asina Beibel ta bisa, kiko mi ta bai hasi diferente? Kon e Palabra ta bai moldia mi bida? Kiko tin ku kambia? Repasá bo preguntanan di 2 te 4 i skirbi kon e teksto aki por kambia bo pa krese mas serka di Kristu Hesus.

6. Orashon

Ta tempu pa hasi orashon. Pidi Dios yuda bo, skirbi un orashon.

1. E Teksto di Beibel
Nota e teksto di Beibel ku bo a lesa.

Fecha:_____

2. Un Aspekto Nobo
Skirbi algo nobo ku bo a lesa den Beibel awé. E por ta un versíkulo ku nunka bo a yega di lesa, òf un palabra ku a kapta bo atenshon

3. E Sorpresa "WOW"
Kiko a impaktá bo mas tantu awé? Kiko a impreshoná bo mas tantu? "Berdat?" mi no tabata sa!!

4. E Atributonan di Dios

Ken Dios ta bisa ku E ta? Identifiká atributonan di Dios Su karakter.
Skirbi e kualidatnan di Dios ku E ta mustra nos den e teksto aki. Pensa riba ken Dios ta; Dios Su amor i identidat.

5. Kiko Awor?

Awor puntra bo mes "Kiko awor? Si ta asina Beibel ta bisa, kiko mi ta bai hasi diferente? Kon e Palabra ta bai moldia mi bida? Kiko tin ku kambia? Repasá bo preguntanan di 2 te 4 i skirbi kon e teksto aki por kambia bo pa krese mas serka di Kristu Hesus.

6. Orashon

Ta tempu pa hasi orashon. Pidi Dios yuda bo, skirbi un orashon.

1. E Teksto di Beibel
Nota e teksto di Beibel ku bo a lesa.

Fecha:_____

2. Un Aspekto Nobo
Skirbi algo nobo ku bo a lesa den Beibel awé. E por ta un versíkulo ku nunka bo a yega di lesa, òf un palabra ku a kapta bo atenshon

3. E Sorpresa "WOW"
Kiko a impaktá bo mas tantu awé? Kiko a impreshoná bo mas tantu? "Berdat?" mi no tabata sa!!

4. E Atributonan di Dios

Ken Dios ta bisa ku E ta? Identifiká atributonan di Dios Su karakter.
Skirbi e kualidatnan di Dios ku E ta mustra nos den e teksto aki. Pensa riba ken Dios ta; Dios Su amor i identidat.

5. Kiko Awor?

Awor puntra bo mes "Kiko awor? Si ta asina Beibel ta bisa, kiko mi ta bai hasi diferente? Kon e Palabra ta bai moldia mi bida? Kiko tin ku kambia? Repasá bo preguntanan di 2 te 4 i skirbi kon e teksto aki por kambia bo pa krese mas serka di Kristu Hesus.

6. Orashon

Ta tempu pa hasi orashon. Pidi Dios yuda bo, skirbi un orashon.

1. E Teksto di Beibel
   Nota e teksto di Beibel ku bo a lesa.   Fecha:_____

2. Un Aspekto Nobo
   Skirbi algo nobo ku bo a lesa den Beibel awé. E por ta un versíkulo ku nunka bo a yega di lesa, òf un palabra ku a kapta bo atenshon

3. E Sorpresa "WOW"
   Kiko a impaktá bo mas tantu awé? Kiko a impreshoná bo mas tantu? "Berdat?" mi no tabata sa!!

4. E Atributonan di Dios

Ken Dios ta bisa ku E ta? Identifiká atributonan di Dios Su karakter.
Skirbi e kualidatnan di Dios ku E ta mustra nos den e teksto aki. Pensa riba ken Dios ta; Dios Su amor i identidat.

5. Kiko Awor?

Awor puntra bo mes "Kiko awor? Si ta asina Beibel ta bisa, kiko mi ta bai hasi diferente? Kon e Palabra ta bai moldia mi bida? Kiko tin ku kambia? Repasá bo preguntanan di 2 te 4 i skirbi kon e teksto aki por kambia bo pa krese mas serka di Kristu Hesus.

6. Orashon

Ta tempu pa hasi orashon. Pidi Dios yuda bo, skirbi un orashon.

1. E Teksto di Beibel
Nota e teksto di Beibel ku bo a lesa.

Fecha:_____

2. Un Aspekto Nobo
Skirbi algo nobo ku bo a lesa den Beibel awé. E por ta un versíkulo ku nunka bo a yega di lesa, òf un palabra ku a kapta bo atenshon

3. E Sorpresa "WOW"
Kiko a impaktá bo mas tantu awé? Kiko a impreshoná bo mas tantu? "Berdat?" mi no tabata sa!!

4. E Atributonan di Dios

Ken Dios ta bisa ku E ta? Identifiká atributonan di Dios Su karakter.
Skirbi e kualidatnan di Dios ku E ta mustra nos den e teksto aki. Pensa riba ken Dios ta; Dios Su amor i identidat.

5. Kiko Awor?

Awor puntra bo mes "Kiko awor? Si ta asina Beibel ta bisa, kiko mi ta bai hasi diferente? Kon e Palabra ta bai moldia mi bida? Kiko tin ku kambia? Repasá bo preguntanan di 2 te 4 i skirbi kon e teksto aki por kambia bo pa krese mas serka di Kristu Hesus.

6. Orashon

Ta tempu pa hasi orashon. Pidi Dios yuda bo, skirbi un orashon.

1. E Teksto di Beibel
Nota e teksto di Beibel ku bo a lesa.

Fecha:_____

2. Un Aspekto Nobo
Skirbi algo nobo ku bo a lesa den Beibel awé. E por ta un versíkulo ku nunka bo a yega di lesa, òf un palabra ku a kapta bo atenshon

3. E Sorpresa "WOW"
Kiko a impaktá bo mas tantu awé? Kiko a impreshoná bo mas tantu? "Berdat?" mi no tabata sa!!

4. E Atributonan di Dios

Ken Dios ta bisa ku E ta? Identifiká atributonan di Dios Su karakter.
Skirbi e kualidatnan di Dios ku E ta mustra nos den e teksto aki. Pensa riba ken Dios ta; Dios Su amor i identidat.

5. Kiko Awor?

Awor puntra bo mes "Kiko awor? Si ta asina Beibel ta bisa, kiko mi ta bai hasi diferente? Kon e Palabra ta bai moldia mi bida? Kiko tin ku kambia? Repasá bo preguntanan di 2 te 4 i skirbi kon e teksto aki por kambia bo pa krese mas serka di Kristu Hesus.

6. Orashon

Ta tempu pa hasi orashon. Pidi Dios yuda bo, skirbi un orashon.

Romanonan 12:1

Bai riba bo rudia, lesa e versíkulo akí i entregá tur kos na Dios. Tur kos.

"P'esei mi ta roga boso, rumannan, pa medio di e miserikòrdianan di Dios, pa presentá boso kurpanan komo sakrifisionan bibu i santu, aseptabel pa Dios, kual ta boso sirbishi spiritual di adorashon."

Mi ta entregá mi bida na Dios, Si na E so!

Luisette Kraal

2 PT 1:19: "AND WE HAVE *the prophetic word* more fully confirmed, to which YOU WILL DO WELL TO PAY ATTENTION TO: as to a lamp shining in a dark place, until the day dawns and the morning star rises

Orashon

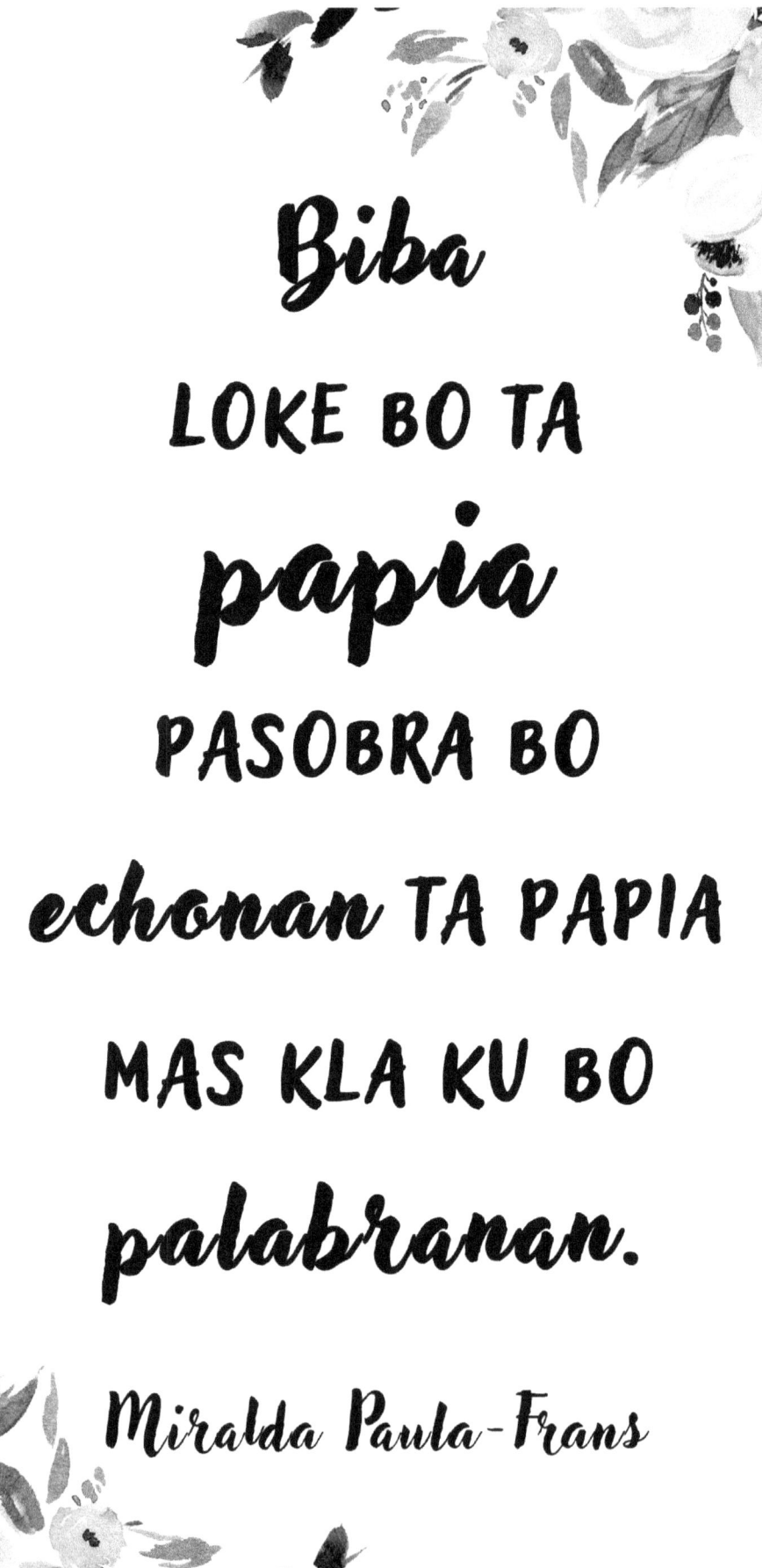

Hesus a hasi e sakrifisio di mas grandi, pa e preis di mas abou: gratis!

— Priscilla Krolis

1. E Teksto di Beibel
Nota e teksto di Beibel ku bo a lesa.

Fecha:_____

2. Un Aspekto Nobo
Skirbi algo nobo ku bo a lesa den Beibel awé. E por ta un versíkulo ku nunka bo a yega di lesa, òf un palabra ku a kapta bo atenshon

3. E Sorpresa "WOW"
Kiko a impaktá bo mas tantu awé? Kiko a impreshoná bo mas tantu? "Berdat?" mi no tabata sa!!

4. E Atributonan di Dios

Ken Dios ta bisa ku E ta? Identifiká atributonan di Dios Su karakter.
Skirbi e kualidatnan di Dios ku E ta mustra nos den e teksto aki. Pensa riba ken Dios ta; Dios Su amor i identidat.

5. Kiko Awor?

Awor puntra bo mes "Kiko awor? Si ta asina Beibel ta bisa, kiko mi ta bai hasi diferente? Kon e Palabra ta bai moldia mi bida? Kiko tin ku kambia? Repasá bo preguntanan di 2 te 4 i skirbi kon e teksto aki por kambiá bo pa krese mas serka di Kristu Hesus.

6. Orashon

Ta tempu pa hasi orashon. Pidi Dios yuda bo, skirbi un orashon.

Fecha:_____

1. E Teksto di Beibel
Nota e teksto di Beibel ku bo a lesa.

2. Un Aspekto Nobo
Skirbi algo nobo ku bo a lesa den Beibel awé. E por ta un versíkulo ku nunka bo a yega di lesa, òf un palabra ku a kapta bo atenshon

3. E Sorpresa "WOW"
Kiko a impaktá bo mas tantu awé? Kiko a impreshoná bo mas tantu? "Berdat?" mi no tabata sa!!

4. E Atributonan di Dios

Ken Dios ta bisa ku E ta? Identifiká atributonan di Dios Su karakter. Skirbi e kualidatnan di Dios ku E ta mustra nos den e teksto aki. Pensa riba ken Dios ta; Dios Su amor i identidat.

5. Kiko Awor?

Awor puntra bo mes "Kiko awor? Si ta asina Beibel ta bisa, kiko mi ta bai hasi diferente? Kon e Palabra ta bai moldia mi bida? Kiko tin ku kambia? Repasá bo preguntanan di 2 te 4 i skirbi kon e teksto aki por kambia bo pa krese mas serka di Kristu Hesus.

6. Orashon

Ta tempu pa hasi orashon. Pidi Dios yuda bo, skirbi un orashon.

1. E Teksto di Beibel
   Nota e teksto di Beibel ku bo a lesa.

Fecha:_____

2. Un Aspekto Nobo
   Skirbi algo nobo ku bo a lesa den Beibel awé. E por ta un versíkulo ku nunka bo a yega di lesa, òf un palabra ku a kapta bo atenshon

3. E Sorpresa "WOW"
   Kiko a impaktá bo mas tantu awé? Kiko a impreshoná bo mas tantu? "Berdat?" mi no tabata sa!!

4. E Atributonan di Dios

Ken Dios ta bisa ku E ta? Identifiká atributonan di Dios Su karakter.

Skirbi e kualidatnan di Dios ku E ta mustra nos den e teksto aki. Pensa riba ken Dios ta; Dios Su amor i identidat.

5. Kiko Awor?

Awor puntra bo mes "Kiko awor? Si ta asina Beibel ta bisa, kiko mi ta bai hasi diferente? Kon e Palabra ta bai moldia mi bida? Kiko tin ku kambia? Repasá bo preguntanan di 2 te 4 i skirbi kon e teksto aki por kambia bo pa krese mas serka di Kristu Hesus.

6. Orashon

Ta tempu pa hasi orashon. Pidi Dios yuda bo, skirbi un orashon.

1. E Teksto di Beibel
Nota e teksto di Beibel ku bo a lesa.

Fecha:_____

2. Un Aspekto Nobo
Skirbi algo nobo ku bo a lesa den Beibel awé. E por ta un versíkulo ku nunka bo a yega di lesa, òf un palabra ku a kapta bo atenshon

3. E Sorpresa "WOW"
Kiko a impaktá bo mas tantu awé? Kiko a impreshoná bo mas tantu? "Berdat?" mi no tabata sa!!

4. E Atributonan di Dios

Ken Dios ta bisa ku E ta? Identifiká atributonan di Dios Su karakter.

Skirbi e kualidatnan di Dios ku E ta mustra nos den e teksto aki. Pensa riba ken Dios ta; Dios Su amor i identidat.

5. Kiko Awor?

Awor puntra bo mes "Kiko awor? Si ta asina Beibel ta bisa, kiko mi ta bai hasi diferente? Kon e Palabra ta bai moldia mi bida? Kiko tin ku kambia? Repasá bo preguntanan di 2 te 4 i skirbi kon e teksto aki por kambia bo pa krese mas serka di Kristu Hesus.

6. Orashon

Ta tempu pa hasi orashon. Pidi Dios yuda bo, skirbi un orashon.

1. E Teksto di Beibel
   Nota e teksto di Beibel ku bo a lesa.

Fecha:_____

2. Un Aspekto Nobo
   Skirbi algo nobo ku bo a lesa den Beibel awé. E por ta un versíkulo ku nunka bo a yega di lesa, òf un palabra ku a kapta bo atenshon

3. E Sorpresa "WOW"
   Kiko a impaktá bo mas tantu awé? Kiko a impreshoná bo mas tantu? "Berdat?" mi no tabata sa!!

4. E Atributonan di Dios

Ken Dios ta bisa ku E ta? Identifiká atributonan di Dios Su karakter.

Skirbi e kualidatnan di Dios ku E ta mustra nos den e teksto aki. Pensa riba ken Dios ta; Dios Su amor i identidat.

5. Kiko Awor?

Awor puntra bo mes "Kiko awor? Si ta asina Beibel ta bisa, kiko mi ta bai hasi diferente? Kon e Palabra ta bai moldia mi bida? Kiko tin ku kambia? Repasá bo preguntanan di 2 te 4 i skirbi kon e teksto aki por kambia bo pa krese mas serka di Kristu Hesus.

6. Orashon

Ta tempu pa hasi orashon. Pidi Dios yuda bo, skirbi un orashon.

1. E Teksto di Beibel
Nota e teksto di Beibel ku bo a lesa.

Fecha:_____

2. Un Aspekto Nobo
Skirbi algo nobo ku bo a lesa den Beibel awé. E por ta un versíkulo ku nunka bo a yega di lesa, òf un palabra ku a kapta bo atenshon

3. E Sorpresa "WOW"
Kiko a impaktá bo mas tantu awé? Kiko a impreshoná bo mas tantu? "Berdat?" mi no tabata sa!!

4. E Atributonan di Dios

Ken Dios ta bisa ku E ta? Identifiká atributonan di Dios Su karakter.
Skirbi e kualidatnan di Dios ku E ta mustra nos den e teksto aki. Pensa riba ken Dios ta; Dios Su amor i identidat.

5. Kiko Awor?

Awor puntra bo mes "Kiko awor? Si ta asina Beibel ta bisa, kiko mi ta bai hasi diferente? Kon e Palabra ta bai moldia mi bida? Kiko tin ku kambia? Repasá bo preguntanan di 2 te 4 i skirbi kon e teksto aki por kambia bo pa krese mas serka di Kristu Hesus.

6. Orashon

Ta tempu pa hasi orashon. Pidi Dios yuda bo, skirbi un orashon.

Fecha:_____

1. E Teksto di Beibel
Nota e teksto di Beibel ku bo a lesa.

2. Un Aspekto Nobo
Skirbi algo nobo ku bo a lesa den Beibel awé. E por ta un versíkulo ku nunka bo a yega di lesa, òf un palabra ku a kapta bo atenshon

3. E Sorpresa "WOW"
Kiko a impaktá bo mas tantu awé? Kiko a impreshoná bo mas tantu? "Berdat?" mi no tabata sa!!

4. E Atributonan di Dios

Ken Dios ta bisa ku E ta? Identifiká atributonan di Dios Su karakter.

Skirbi e kualidatnan di Dios ku E ta mustra nos den e teksto aki. Pensa riba ken Dios ta; Dios Su amor i identidat.

5. Kiko Awor?

Awor puntra bo mes "Kiko awor? Si ta asina Beibel ta bisa, kiko mi ta bai hasi diferente? Kon e Palabra ta bai moldia mi bida? Kiko tin ku kambia? Repasá bo preguntanan di 2 te 4 i skirbi kon e teksto aki por kambia bo pa krese mas serka di Kristu Hesus.

6. Orashon

Ta tempu pa hasi orashon. Pidi Dios yuda bo, skirbi un orashon.

2 PT 1:19: AND WE HAVE *the prophetic word* more fully confirmed, to which YOU WILL DO WELL TO PAY ATTENTION to, as to a lamp shining in a dark place, until the day dawns and the morning star rises!

Orashon

Beibel ta e úniko buki ku ta aplikabel na kada bida i na tur situashon anto ku resultado permanente

— Priscilla Krolis

Mas nos humiá nos mes, mas Dios Su gloria ta wòrdu manifestá dor di nos.

Kuantu tempu lo bo permití duda stroba bo di **disfrutá** *di e bendishonnan ku Fe ta duna bo?*

Salmo 91:3

Luisette Kraal

1. E Teksto di Beibel
Nota e teksto di Beibel ku bo a lesa.

Fecha:_____

2. Un Aspekto Nobo
Skirbi algo nobo ku bo a lesa den Beibel awé. E por ta un versíkulo ku nunka bo a yega di lesa, òf un palabra ku a kapta bo atenshon

3. E Sorpresa "WOW"
Kiko a impaktá bo mas tantu awé? Kiko a impreshoná bo mas tantu? "Berdat?" mi no tabata sa!!

4. E Atributonan di Dios

Ken Dios ta bisa ku E ta? Identifiká atributonan di Dios Su karakter.
Skirbi e kualidatnan di Dios ku E ta mustra nos den e teksto aki. Pensa riba ken Dios ta; Dios Su amor i identidat.

5. Kiko Awor?

Awor puntra bo mes "Kiko awor? Si ta asina Beibel ta bisa, kiko mi ta bai hasi diferente? Kon e Palabra ta bai moldia mi bida? Kiko tin ku kambia? Repasá bo preguntanan di 2 te 4 i skirbi kon e teksto aki por kambia bo pa krese mas serka di Kristu Hesus.

6. Orashon

Ta tempu pa hasi orashon. Pidi Dios yuda bo, skirbi un orashon.

1. E Teksto di Beibel
Nota e teksto di Beibel ku bo a lesa.

2. Un Aspekto Nobo
Skirbi algo nobo ku bo a lesa den Beibel awé. E por ta un versíkulo ku nunka bo a yega di lesa, òf un palabra ku a kapta bo atenshon

3. E Sorpresa "WOW"
Kiko a impaktá bo mas tantu awé? Kiko a impreshoná bo mas tantu? "Berdat?" mi no tabata sa!!

4. E Atributonan di Dios

Ken Dios ta bisa ku E ta? Identifiká atributonan di Dios Su karakter.
Skirbi e kualidatnan di Dios ku E ta mustra nos den e teksto aki. Pensa riba ken Dios ta; Dios Su amor i identidat.

5. Kiko Awor?

Awor puntra bo mes "Kiko awor? Si ta asina Beibel ta bisa, kiko mi ta bai hasi diferente? Kon e Palabra ta bai moldia mi bida? Kiko tin ku kambia? Repasá bo preguntanan di 2 te 4 i skirbi kon e teksto aki por kambia bo pa krese mas serka di Kristu Hesus.

6. Orashon

Ta tempu pa hasi orashon. Pidi Dios yuda bo, skirbi un orashon.

1. E Teksto di Beibel
   Nota e teksto di Beibel ku bo a lesa.

Fecha:_____

2. Un Aspekto Nobo
   Skirbi algo nobo ku bo a lesa den Beibel awé. E por ta un versíkulo ku nunka bo a yega di lesa, òf un palabra ku a kapta bo atenshon

3. E Sorpresa "WOW"
   Kiko a impaktá bo mas tantu awé? Kiko a impreshoná bo mas tantu? "Berdat?" mi no tabata sa!!

4. E Atributonan di Dios

Ken Dios ta bisa ku E ta? Identifiká atributonan di Dios Su karakter.
Skirbi e kualidatnan di Dios ku E ta mustra nos den e teksto aki. Pensa riba ken Dios ta; Dios Su amor i identidat.

5. Kiko Awor?

Awor puntra bo mes "Kiko awor? Si ta asina Beibel ta bisa, kiko mi ta bai hasi diferente? Kon e Palabra ta bai moldia mi bida? Kiko tin ku kambia? Repasá bo preguntanan di 2 te 4 i skirbi kon e teksto aki por kambia bo pa krese mas serka di Kristu Hesus.

6. Orashon

Ta tempu pa hasi orashon. Pidi Dios yuda bo, skirbi un orashon.

1. E Teksto di Beibel   Fecha:_____

   Nota e teksto di Beibel ku bo a lesa.

2. Un Aspekto Nobo

   Skirbi algo nobo ku bo a lesa den Beibel awé. E por ta un versíkulo ku nunka bo a yega di lesa, òf un palabra ku a kapta bo atenshon

3. E Sorpresa "WOW"

   Kiko a impaktá bo mas tantu awé? Kiko a impreshoná bo mas tantu? "Berdat?" mi no tabata sa!!

4. E Atributonan di Dios

Ken Dios ta bisa ku E ta? Identifiká atributonan di Dios Su karakter.
Skirbi e kualidatnan di Dios ku E ta mustra nos den e teksto aki. Pensa riba ken Dios ta; Dios Su amor i identidat.

5. Kiko Awor?

Awor puntra bo mes "Kiko awor? Si ta asina Beibel ta bisa, kiko mi ta bai hasi diferente? Kon e Palabra ta bai moldia mi bida? Kiko tin ku kambia? Repasá bo preguntanan di 2 te 4 i skirbi kon e teksto aki por kambia bo pa krese mas serka di Kristu Hesus.

6. Orashon

Ta tempu pa hasi orashon. Pidi Dios yuda bo, skirbi un orashon.

1. E Teksto di Beibel Fecha:_____
   Nota e teksto di Beibel ku bo a lesa.

2. Un Aspekto Nobo
   Skirbi algo nobo ku bo a lesa den Beibel awé. E por ta un versíkulo ku nunka bo a yega di lesa, òf un palabra ku a kapta bo atenshon

3. E Sorpresa "WOW"
   Kiko a impaktá bo mas tantu awé? Kiko a impreshoná bo mas tantu? "Berdat?" mi no tabata sa!!

4. E Atributonan di Dios

Ken Dios ta bisa ku E ta? Identifiká atributonan di Dios Su karakter.

Skirbi e kualidatnan di Dios ku E ta mustra nos den e teksto aki. Pensa riba ken Dios ta; Dios Su amor i identidat.

5. Kiko Awor?

Awor puntra bo mes "Kiko awor? Si ta asina Beibel ta bisa, kiko mi ta bai hasi diferente? Kon e Palabra ta bai moldia mi bida? Kiko tin ku kambia? Repasá bo preguntanan di 2 te 4 i skirbi kon e teksto aki por kambia bo pa krese mas serka di Kristu Hesus.

6. Orashon

Ta tempu pa hasi orashon. Pidi Dios yuda bo, skirbi un orashon.

1. E Teksto di Beibel
Nota e teksto di Beibel ku bo a lesa.

Fecha:_____

2. Un Aspekto Nobo
Skirbi algo nobo ku bo a lesa den Beibel awé. E por ta un versíkulo ku nunka bo a yega di lesa, òf un palabra ku a kapta bo atenshon

3. E Sorpresa "WOW"
Kiko a impaktá bo mas tantu awé? Kiko a impreshoná bo mas tantu? "Berdat?" mi no tabata sa!!

4. E Atributonan di Dios

Ken Dios ta bisa ku E ta? Identifiká atributonan di Dios Su karakter.

Skirbi e kualidatnan di Dios ku E ta mustra nos den e teksto aki. Pensa riba ken Dios ta; Dios Su amor i identidat.

5. Kiko Awor?

Awor puntra bo mes "Kiko awor? Si ta asina Beibel ta bisa, kiko mi ta bai hasi diferente? Kon e Palabra ta bai moldia mi bida? Kiko tin ku kambia? Repasá bo preguntanan di 2 te 4 i skirbi kon e teksto aki por kambia bo pa krese mas serka di Kristu Hesus.

6. Orashon

Ta tempu pa hasi orashon. Pidi Dios yuda bo, skirbi un orashon.

1. E Teksto di Beibel
Fecha:_____

Nota e teksto di Beibel ku bo a lesa.

2. Un Aspekto Nobo
Skirbi algo nobo ku bo a lesa den Beibel awé. E por ta un versíkulo ku nunka bo a yega di lesa, òf un palabra ku a kapta bo atenshon

3. E Sorpresa "WOW"
Kiko a impaktá bo mas tantu awé? Kiko a impreshoná bo mas tantu? "Berdat?" mi no tabata sa!!

4. E Atributonan di Dios

Ken Dios ta bisa ku E ta? Identifiká atributonan di Dios Su karakter.
Skirbi e kualidatnan di Dios ku E ta mustra nos den e teksto aki. Pensa riba ken Dios ta; Dios Su amor i identidat.

5. Kiko Awor?

Awor puntra bo mes "Kiko awor? Si ta asina Beibel ta bisa, kiko mi ta bai hasi diferente? Kon e Palabra ta bai moldia mi bida? Kiko tin ku kambia? Repasá bo preguntanan di 2 te 4 i skirbi kon e teksto aki por kambia bo pa krese mas serka di Kristu Hesus.

6. Orashon

Ta tempu pa hasi orashon. Pidi Dios yuda bo, skirbi un orashon.

2 P 1:19: AND WE HAVE *the prophetic word* more fully confirmed, to which YOU WILL DO WELL TO PAY ATTENTION to as to a lamp shining in a dark place, until the day dawns and the morning star rises!

Orashon

Mi boka kontrolá pa Dios, por papia bendishonnan.

Salmo 26:2

www.luisettekraal.com

1. E Teksto di Beibel
Nota e teksto di Beibel ku bo a lesa.

Fecha:_____

2. Un Aspekto Nobo
Skirbi algo nobo ku bo a lesa den Beibel awé. E por ta un versíkulo ku nunka bo a yega di lesa, òf un palabra ku a kapta bo atenshon

3. E Sorpresa "WOW"
Kiko a impaktá bo mas tantu awé? Kiko a impreshoná bo mas tantu? "Berdat?" mi no tabata sa!!

4. E Atributonan di Dios

Ken Dios ta bisa ku E ta? Identifiká atributonan di Dios Su karakter.
Skirbi e kualidatnan di Dios ku E ta mustra nos den e teksto aki. Pensa riba ken Dios ta; Dios Su amor i identidat.

5. Kiko Awor?

Awor puntra bo mes "Kiko awor? Si ta asina Beibel ta bisa, kiko mi ta bai hasi diferente? Kon e Palabra ta bai moldia mi bida? Kiko tin ku kambia? Repasá bo preguntanan di 2 te 4 i skirbi kon e teksto aki por kambia bo pa krese mas serka di Kristu Hesus.

6. Orashon

Ta tempu pa hasi orashon. Pidi Dios yuda bo, skirbi un orashon.

1. E Teksto di Beibel
Nota e teksto di Beibel ku bo a lesa.

Fecha:_____

2. Un Aspekto Nobo
Skirbi algo nobo ku bo a lesa den Beibel awé. E por ta un versíkulo ku nunka bo a yega di lesa, òf un palabra ku a kapta bo atenshon

3. E Sorpresa "WOW"
Kiko a impaktá bo mas tantu awé? Kiko a impreshoná bo mas tantu? "Berdat?" mi no tabata sa!!

4. E Atributonan di Dios

Ken Dios ta bisa ku E ta? Identifiká atributonan di Dios Su karakter.
Skirbi e kualidatnan di Dios ku E ta mustra nos den e teksto aki. Pensa riba ken Dios ta; Dios Su amor i identidat.

5. Kiko Awor?

Awor puntra bo mes "Kiko awor? Si ta asina Beibel ta bisa, kiko mi ta bai hasi diferente? Kon e Palabra ta bai moldia mi bida? Kiko tin ku kambia? Repasá bo preguntanan di 2 te 4 i skirbi kon e teksto aki por kambia bo pa krese mas serka di Kristu Hesus.

6. Orashon

Ta tempu pa hasi orashon. Pidi Dios yuda bo, skirbi un orashon.

1. E Teksto di Beibel
Nota e teksto di Beibel ku bo a lesa.

Fecha:_____

2. Un Aspekto Nobo
Skirbi algo nobo ku bo a lesa den Beibel awé. E por ta un versíkulo ku nunka bo a yega di lesa, òf un palabra ku a kapta bo atenshon

3. E Sorpresa "WOW"
Kiko a impaktá bo mas tantu awé? Kiko a impreshoná bo mas tantu? "Berdat?" mi no tabata sa!!

4. E Atributonan di Dios

Ken Dios ta bisa ku E ta? Identifiká atributonan di Dios Su karakter.

Skirbi e kualidatnan di Dios ku E ta mustra nos den e teksto aki. Pensa riba ken Dios ta; Dios Su amor i identidat.

5. Kiko Awor?

Awor puntra bo mes "Kiko awor? Si ta asina Beibel ta bisa, kiko mi ta bai hasi diferente? Kon e Palabra ta bai moldia mi bida? Kiko tin ku kambia? Repasá bo preguntanan di 2 te 4 i skirbi kon e teksto aki por kambia bo pa krese mas serka di Kristu Hesus.

6. Orashon

Ta tempu pa hasi orashon. Pidi Dios yuda bo, skirbi un orashon.

1. E Teksto di Beibel
Nota e teksto di Beibel ku bo a lesa.

Fecha:_____

2. Un Aspekto Nobo
Skirbi algo nobo ku bo a lesa den Beibel awé. E por ta un versíkulo ku nunka bo a yega di lesa, òf un palabra ku a kapta bo atenshon

3. E Sorpresa "WOW"
Kiko a impaktá bo mas tantu awé? Kiko a impreshoná bo mas tantu? "Berdat?" mi no tabata sa!!

4. E Atributonan di Dios

Ken Dios ta bisa ku E ta? Identifiká atributonan di Dios Su karakter.
Skirbi e kualidatnan di Dios ku E ta mustra nos den e teksto aki. Pensa riba ken Dios ta; Dios Su amor i identidat.

5. Kiko Awor?

Awor puntra bo mes "Kiko awor? Si ta asina Beibel ta bisa, kiko mi ta bai hasi diferente? Kon e Palabra ta bai moldia mi bida? Kiko tin ku kambia? Repasá bo preguntanan di 2 te 4 i skirbi kon e teksto aki por kambia bo pa krese mas serka di Kristu Hesus.

6. Orashon

Ta tempu pa hasi orashon. Pidi Dios yuda bo, skirbi un orashon.

1. E Teksto di Beibel
Nota e teksto di Beibel ku bo a lesa.

2. Un Aspekto Nobo
Skirbi algo nobo ku bo a lesa den Beibel awé. E por ta un versíkulo ku nunka bo a yega di lesa, òf un palabra ku a kapta bo atenshon

3. E Sorpresa "WOW"
Kiko a impaktá bo mas tantu awé? Kiko a impreshoná bo mas tantu? "Berdat?" mi no tabata sa!!

Fecha:_____

4. E Atributonan di Dios

Ken Dios ta bisa ku E ta? Identifiká atributonan di Dios Su karakter. Skirbi e kualidatnan di Dios ku E ta mustra nos den e teksto aki. Pensa riba ken Dios ta; Dios Su amor i identidat.

5. Kiko Awor?

Awor puntra bo mes "Kiko awor? Si ta asina Beibel ta bisa, kiko mi ta bai hasi diferente? Kon e Palabra ta bai moldia mi bida? Kiko tin ku kambia? Repasá bo preguntanan di 2 te 4 i skirbi kon e teksto aki por kambia bo pa krese mas serka di Kristu Hesus.

6. Orashon

Ta tempu pa hasi orashon. Pidi Dios yuda bo, skirbi un orashon.

1. E Teksto di Beibel
   Nota e teksto di Beibel ku bo a lesa.

Fecha:_____

2. Un Aspekto Nobo
   Skirbi algo nobo ku bo a lesa den Beibel awé. E por ta un versíkulo ku nunka bo a yega di lesa, òf un palabra ku a kapta bo atenshon

3. E Sorpresa "WOW"
   Kiko a impaktá bo mas tantu awé? Kiko a impreshoná bo mas tantu? "Berdat?" mi no tabata sa!!

4. E Atributonan di Dios

Ken Dios ta bisa ku E ta? Identifiká atributonan di Dios Su karakter.
Skirbi e kualidatnan di Dios ku E ta mustra nos den e teksto aki. Pensa riba ken Dios ta; Dios Su amor i identidat.

5. Kiko Awor?

Awor puntra bo mes "Kiko awor? Si ta asina Beibel ta bisa, kiko mi ta bai hasi diferente? Kon e Palabra ta bai moldia mi bida? Kiko tin ku kambia? Repasá bo preguntanan di 2 te 4 i skirbi kon e teksto aki por kambia bo pa krese mas serka di Kristu Hesus.

6. Orashon

Ta tempu pa hasi orashon. Pidi Dios yuda bo, skirbi un orashon.

Fecha:_____

1. E Teksto di Beibel
Nota e teksto di Beibel ku bo a lesa.

2. Un Aspekto Nobo
Skirbi algo nobo ku bo a lesa den Beibel awé. E por ta un versíkulo ku nunka bo a yega di lesa, òf un palabra ku a kapta bo atenshon

3. E Sorpresa "WOW"
Kiko a impaktá bo mas tantu awé? Kiko a impreshoná bo mas tantu? "Berdat?" mi no tabata sa!!

4. E Atributonan di Dios

Ken Dios ta bisa ku E ta? Identifiká atributonan di Dios Su karakter.
Skirbi e kualidatnan di Dios ku E ta mustra nos den e teksto aki. Pensa riba ken Dios ta; Dios Su amor i identidat.

5. Kiko Awor?

Awor puntra bo mes "Kiko awor? Si ta asina Beibel ta bisa, kiko mi ta bai hasi diferente? Kon e Palabra ta bai moldia mi bida? Kiko tin ku kambia? Repasá bo preguntanan di 2 te 4 i skirbi kon e teksto aki por kambia bo pa krese mas serka di Kristu Hesus.

6. Orashon

Ta tempu pa hasi orashon. Pidi Dios yuda bo, skirbi un orashon.

PT 1:19 "And we have *the prophetic word* more fully confirmed, to which YOU WILL DO WELL TO PAY ATTENTION to, as to a lamp shining in a dark place, until the day dawns and the morning star rises."

Orashon

Dios ta nos lugá di skonde.

Miralda Paula-Frans

1. E Teksto di Beibel
Nota e teksto di Beibel ku bo a lesa.

Fecha:_____

2. Un Aspekto Nobo
Skirbi algo nobo ku bo a lesa den Beibel awé. E por ta un versíkulo ku nunka bo a yega di lesa, òf un palabra ku a kapta bo atenshon

3. E Sorpresa "WOW"
Kiko a impaktá bo mas tantu awé? Kiko a impreshoná bo mas tantu? "Berdat?" mi no tabata sa!!

4. E Atributonan di Dios

Ken Dios ta bisa ku E ta? Identifiká atributonan di Dios Su karakter.

Skirbi e kualidatnan di Dios ku E ta mustra nos den e teksto aki. Pensa riba ken Dios ta; Dios Su amor i identidat.

5. Kiko Awor?

Awor puntra bo mes "Kiko awor? Si ta asina Beibel ta bisa, kiko mi ta bai hasi diferente? Kon e Palabra ta bai moldia mi bida? Kiko tin ku kambia? Repasá bo preguntanan di 2 te 4 i skirbi kon e teksto aki por kambia bo pa krese mas serka di Kristu Hesus.

6. Orashon

Ta tempu pa hasi orashon. Pidi Dios yuda bo, skirbi un orashon.

Fecha:_____

1. E Teksto di Beibel
Nota e teksto di Beibel ku bo a lesa.

2. Un Aspekto Nobo
Skirbi algo nobo ku bo a lesa den Beibel awé. E por ta un versíkulo ku nunka bo a yega di lesa, òf un palabra ku a kapta bo atenshon

3. E Sorpresa "WOW"
Kiko a impaktá bo mas tantu awé? Kiko a impreshoná bo mas tantu? "Berdat?" mi no tabata sa!!

4. E Atributonan di Dios

Ken Dios ta bisa ku E ta? Identifiká atributonan di Dios Su karakter.
Skirbi e kualidatnan di Dios ku E ta mustra nos den e teksto aki. Pensa riba ken Dios ta; Dios Su amor i identidat.

5. Kiko Awor?

Awor puntra bo mes "Kiko awor? Si ta asina Beibel ta bisa, kiko mi ta bai hasi diferente? Kon e Palabra ta bai moldia mi bida? Kiko tin ku kambia? Repasá bo preguntanan di 2 te 4 i skirbi kon e teksto aki por kambia bo pa krese mas serka di Kristu Hesus.

6. Orashon

Ta tempu pa hasi orashon. Pidi Dios yuda bo, skirbi un orashon.

Fecha:_____

1. E Teksto di Beibel
Nota e teksto di Beibel ku bo a lesa.

2. Un Aspekto Nobo
Skirbi algo nobo ku bo a lesa den Beibel awé. E por ta un versíkulo ku nunka bo a yega di lesa, òf un palabra ku a kapta bo atenshon

3. E Sorpresa "WOW"
Kiko a impaktá bo mas tantu awé? Kiko a impreshoná bo mas tantu? "Berdat?" mi no tabata sa!!

4. E Atributonan di Dios

Ken Dios ta bisa ku E ta? Identifiká atributonan di Dios Su karakter.

Skirbi e kualidatnan di Dios ku E ta mustra nos den e teksto aki. Pensa riba ken Dios ta; Dios Su amor i identidat.

5. Kiko Awor?

Awor puntra bo mes "Kiko awor? Si ta asina Beibel ta bisa, kiko mi ta bai hasi diferente? Kon e Palabra ta bai moldia mi bida? Kiko tin ku kambia? Repasá bo preguntanan di 2 te 4 i skirbi kon e teksto aki por kambia bo pa krese mas serka di Kristu Hesus.

6. Orashon

Ta tempu pa hasi orashon. Pidi Dios yuda bo, skirbi un orashon.

1. E Teksto di Beibel
Nota e teksto di Beibel ku bo a lesa.

Fecha:_____

2. Un Aspekto Nobo
Skirbi algo nobo ku bo a lesa den Beibel awé. E por ta un versíkulo ku nunka bo a yega di lesa, òf un palabra ku a kapta bo atenshon

3. E Sorpresa "WOW"
Kiko a impaktá bo mas tantu awé? Kiko a impreshoná bo mas tantu? "Berdat?" mi no tabata sa!!

4. E Atributonan di Dios

Ken Dios ta bisa ku E ta? Identifiká atributonan di Dios Su karakter.

Skirbi e kualidatnan di Dios ku E ta mustra nos den e teksto aki. Pensa riba ken Dios ta; Dios Su amor i identidat.

5. Kiko Awor?

Awor puntra bo mes "Kiko awor? Si ta asina Beibel ta bisa, kiko mi ta bai hasi diferente? Kon e Palabra ta bai moldia mi bida? Kiko tin ku kambia? Repasá bo preguntanan di 2 te 4 i skirbi kon e teksto aki por kambia bo pa krese mas serka di Kristu Hesus.

6. Orashon

Ta tempu pa hasi orashon. Pidi Dios yuda bo, skirbi un orashon.

1. E Teksto di Beibel

Nota e teksto di Beibel ku bo a lesa.

Fecha:_____

2. Un Aspekto Nobo

Skirbi algo nobo ku bo a lesa den Beibel awé. E por ta un versíkulo ku nunka bo a yega di lesa, òf un palabra ku a kapta bo atenshon

3. E Sorpresa "WOW"

Kiko a impaktá bo mas tantu awé? Kiko a impreshoná bo mas tantu? "Berdat?" mi no tabata sa!!

4. E Atributonan di Dios

Ken Dios ta bisa ku E ta? Identifiká atributonan di Dios Su karakter.
Skirbi e kualidatnan di Dios ku E ta mustra nos den e teksto aki. Pensa riba ken Dios ta; Dios Su amor i identidat.

5. Kiko Awor?

Awor puntra bo mes "Kiko awor? Si ta asina Beibel ta bisa, kiko mi ta bai hasi diferente? Kon e Palabra ta bai moldia mi bida? Kiko tin ku kambia? Repasá bo preguntanan di 2 te 4 i skirbi kon e teksto aki por kambia bo pa krese mas serka di Kristu Hesus.

6. Orashon

Ta tempu pa hasi orashon. Pidi Dios yuda bo, skirbi un orashon.

1. E Teksto di Beibel
Nota e teksto di Beibel ku bo a lesa.

Fecha:_____

2. Un Aspekto Nobo
Skirbi algo nobo ku bo a lesa den Beibel awé. E por ta un versíkulo ku nunka bo a yega di lesa, òf un palabra ku a kapta bo atenshon

3. E Sorpresa "WOW"
Kiko a impaktá bo mas tantu awé? Kiko a impreshoná bo mas tantu? "Berdat?" mi no tabata sa!!

4. E Atributonan di Dios
Ken Dios ta bisa ku E ta? Identifiká atributonan di Dios Su karakter.
Skirbi e kualidatnan di Dios ku E ta mustra nos den e teksto aki. Pensa riba ken Dios ta; Dios Su amor i identidat.

5. Kiko Awor?
Awor puntra bo mes "Kiko awor? Si ta asina Beibel ta bisa, kiko mi ta bai hasi diferente? Kon e Palabra ta bai moldia mi bida? Kiko tin ku kambia? Repasá bo preguntanan di 2 te 4 i skirbi kon e teksto aki por kambia bo pa krese mas serka di Kristu Hesus.

6. Orashon
Ta tempu pa hasi orashon. Pidi Dios yuda bo, skirbi un orashon.

1. E Teksto di Beibel
Nota e teksto di Beibel ku bo a lesa.

2. Un Aspekto Nobo
Skirbi algo nobo ku bo a lesa den Beibel awé. E por ta un versíkulo ku nunka bo a yega di lesa, òf un palabra ku a kapta bo atenshon

3. E Sorpresa "WOW"
Kiko a impaktá bo mas tantu awé? Kiko a impreshoná bo mas tantu? "Berdat?" mi no tabata sa!!

4. E Atributonan di Dios

Ken Dios ta bisa ku E ta? Identifiká atributonan di Dios Su karakter.

Skirbi e kualidatnan di Dios ku E ta mustra nos den e teksto aki. Pensa riba ken Dios ta; Dios Su amor i identidat.

5. Kiko Awor?

Awor puntra bo mes "Kiko awor? Si ta asina Beibel ta bisa, kiko mi ta bai hasi diferente? Kon e Palabra ta bai moldia mi bida? Kiko tin ku kambia? Repasá bo preguntanan di 2 te 4 i skirbi kon e teksto aki por kambia bo pa krese mas serka di Kristu Hesus.

6. Orashon

Ta tempu pa hasi orashon. Pidi Dios yuda bo, skirbi un orashon.

PT 1:19 "AND WE HAVE *the prophetic word* more fully confirmed, to which YOU WILL DO WELL TO PAY ATTENTION to, as to a lamp shining in a dark place, until the day dawns and the morning star rises!

Orashon

www.ingramcontent.com/pod-product-compliance
Lightning Source LLC
Chambersburg PA
CBHW060419010526
44118CB00017B/2278